ARENA BIBLIOTHEK DES WISSENS

Lebendige Biographien

In der Arena Bibliothek des Wissens sind erschienen:

Einstein und die Zeitmaschinen (05743)
Galilei und der erste Krieg der Sterne (05741)
Darwin und die wahre Geschichte der Dinosaurier (05742)
Archimedes und der Hebel der Welt (05744)
Edison und die Erfindung des Lichts (05587)
Goethe und des Pudels Kern (05994)
Die Großen der Welt (05891)
Caesar und die Fäden der Macht (05979)
Alexander der Große und die Grenzen der Welt (06064)
Leonardo da Vinci, der Zeichner der Zukunft (05940)
Barbara Schwarz und das Feuer der Willkür. Ein Fall
   aus der Geschichte der Hexenverfolgungen (06124)
Sebastian und der Wettlauf mit dem Schwarzen Tod.
   Die Pest überfällt Europa (05583)
Islam (06220)
Politik (06172)
Weltgeschichte in Geschichten (06216)
Marie Curie und das Rätsel der Atome (06214)
Klimawandel (06219)
Globalisierung (06222)

Andreas Venzke wurde 1961 in Berlin geboren und lebt in Freiburg im Breisgau. Seit dem Studienabschluss arbeitet er als freiberuflicher Autor in verschiedenen Genres. Seine Kinder- und Jugendbücher wurden vielfach ausgezeichnet.
www.andreas-venzke.de

Klaus Puth wurde 1952 in Frankfurt am Main geboren. Nach seinem Studium an der Hochschule für Gestaltung in Offenbach arbeitete er zunächst in einem Verlag für Grußkarten. Seit 1989 ist er freiberuflich als Illustrator für verschiedene Verlage tätig und hat mehrere Preise erhalten.
www.klausputh.de

Andreas Venzke

Gutenberg und das
Geheimnis der Schwarzen Kunst

Arena

Johannes Gutenberg

Was war die wichtigste Erfindung der Menschheit im letzten Jahrtausend? Darüber ließ an der Wende zum Jahr 2000 das größte Nachrichtenmagazin der USA abstimmen. Gewählt wurde die Erfindung des Buchdrucks durch Johannes Gutenberg. Und wer war der „Mann des Jahrtausends"? Den ließ einer der größten Fernsehsender der USA bestimmen: An erster Stelle stand abermals Gutenberg.
Hier geht es um diesen weltberühmten Mainzer, dessen Name wegen seiner *einen* Erfindung immer fortleben wird: Die Erfindung des Buchdrucks hat die Welt mehr verändert als alle Kriege, Entdeckungen und Revolutionen. Seine Bedeutung lässt sich nur mit der Erfindung des Rades oder der Metallverarbeitung vergleichen. Nicht umsonst sprachen die Menschen jahrhundertelang von der „Schwarzen Kunst". Es schien immer wie ein kleines Wunder, wenn ein Text in bester Qualität Tausende Male genau gleich hergestellt werden konnte.
Doch was war Gutenberg selbst für eine Person? Streitbar war er, das lässt sich gleich vorausschicken. Aber das musste man wohl sein, wenn man es darauf angelegt hatte, ein Verfahren zu entwickeln, das die Arbeit aller Schreiber ersetzen würde.
Hier ist zu lesen, was Gutenbergs Leben ausmachte – und zwar in einem *Buch,* das es ohne seine Erfindung so gar nicht gäbe.

Ein adeliger Bursche

Ich werde nicht als Johannes Gutenberg geboren. Die ersten Jahre meines Lebens heiße ich schlicht Henchen, wie man in Mainz einen Johannes nennt. Ich gehöre zum Geschlecht der Gensfleisch. Deswegen werde ich als Kind manchmal gehänselt: Gänsefleisch! Zu meiner Zeit wird dem Namen auch noch hinzugefügt, in welchem Haus man wohnt. Meine Familie hat in vielen verschiedenen Häusern gelebt, etwa zum Eselweck, zur Laden, zum Gensfleisch, dann zum Gutenberg. Mein Geburtsname lautet ungefähr auf Henchen Gensfleisch zur Laden. Ich werde aber auch Johannes, Hans, Henchin, Hengin oder Henne genannt.

Meine Familie ist wohlhabend. Sie gehört seit Jahrhunderten zur herrschenden Klasse von Mainz. Wir sind Bürgermeister, Ratsherren und Rechenmeister. So bestimmen wir über die Politik der Stadt. Patrizier nennt man uns gewöhnlich, in Mainz nennt man uns Geschlechter oder schlicht: die Alten.

Ich habe zwei Schwestern, eine mit dem Namen Patze. Sie stammt aus der ersten Ehe meines Vaters Friele, der in Geldangelegenheiten

sehr bewandert ist: Er liefert etwa das Metall für die Münze*
des Erzbischofs und dient eine Zeit lang als Rechenmeister der
Stadt. Mein Vater heiratet ein zweites Mal, nämlich meine
Mutter Else Wirich. Sie haben zuerst einen Sohn,
meinen Bruder, der ebenfalls Friele genannt wird. Dann werde ich geboren
und noch eine Tochter, ebenfalls
Else mit Namen.

Friele ist natürlich das Lieblingskind meines Vaters. Er
als ältester Sohn darf sich
alles erlauben. Wir streiten
uns oft. Manchmal leide ich
darunter, der Zweitgeborene zu sein. Mein Bruder
ärgert mich deswegen. Er
wird der Haupterbe sein.

*Im hinteren Teil dieses Buches gibt es ein Glossar –
dort sind die Erklärungen zu den Begriffen nachzulesen.

Auf der Straße machen die Kinder der Alten manchmal das Geräusch von Gänsen nach, wenn sie mich sehen. Außerdem sagen sie, dass ich nicht ganz zu den Alten gehöre, denn unsere Mutter ist keine Patrizierin, sondern nur die Tochter eines Krämers. Trotzdem hat ihre Familie viel Geld und die Familie meines Vaters sowieso. Ich erhalte die beste Ausbildung, die ja nicht umsonst zu haben ist, im Gegenteil.

Trotzdem höre ich es noch als Jugendlicher immer wieder flüstern: „Der Henchen, der gehört nicht wirklich zu uns. Der ist nicht ganz echt." Denen werde ich schon zeigen, wie ich zu ihnen gehöre! Als junger Erwachsener steht mir bald die Welt offen und da werden alle diese Gecken sehen, mit wem sie es zu tun haben!

1419 stirbt mein Vater. Er hinterlässt ein reiches Erbe, von dem auch mir ein Teil zusteht. So kann ich nun freigiebig sein,

wie man das von einem Alten erwartet. Jetzt höre ich keinen mehr tuscheln, ich würde nicht dazugehören. Ich lerne schnell: Am sichersten verhilft Geld zu Macht und Einfluss.

Auch meine Halbschwester Patze, die ich nicht als Teil der Familie sehe, erhebt Ansprüche auf das Erbe. Zusammen mit meinem Bruder und meinem Schwager Klaus Vitztum, dem Mann meiner richtigen Schwester Else, lasse ich das in einem Prozess* vor Gericht klären. Man sagt mir nach, ich würde gern streiten. Aber mir geht es nur darum, recht zu bekommen.

Es gibt noch einen ganz anderen Streit, mit dem ich groß werde. Es geht dabei um die Politik der Stadt. Seit Jahrhunderten haben die Alten in der Mainzer Regierung, dem Rat, das Sagen gehabt. Unter uns blühte die Stadt auf. Nun reden uns plötzlich die Handwerker und Händler hinein. Sie sagen, sie wären in der Mehrheit, sie müssten entscheiden, wie man die Stadt richtig regiert. Sie nennen sich die Gemeinde, halten zusammen wie Pech und Schwefel und sind gut organisiert. Zünfte nennen sie ihre Vereine.

In die darf nur hinein, wer in seinem Handwerk eine richtige Ausbildung hat. Sie wollen alles bis ins Kleinste regeln und überall ihren Senf dazugeben. Schon ein paar Mal ist es fast zum Krieg gekommen. Immerhin kam es zum Schluss immer wieder zu einer Einigung. Wir lassen die Zünftler ein bisschen mitregieren.

Nur ist die Stadt Mainz ziemlich pleite. Das geht schon seit Jahrzehnten so. 1428 kommt es deswegen zum großen Streit. Die Zünftler beschuldigen uns Alte, wir würden nur in die eigene Tasche wirtschaften. Was bilden die sich ein! Wir haben die Stadt groß gemacht. Wir haben seit Jahrhunderten unsere Rechte. Soll am Ende ein ungebildeter Schuster bestimmen, wo Schulen gebaut werden, wie die Stadt verteidigt wird und wohin der Abfall zu bringen ist? „Schuster, bleib bei deinem Leisten", sage ich da nur.

Ein gewisser Nikolaus von Wörrstadt tut sich in diesem Streit besonders hervor. Tatsächlich gelingt es ihm, den Rat zu stürzen. Uns Alten bleibt nur das Mittel, mit dem ich aufgewachsen bin: Eines Tages fangen unsere Diener an, unsere Häuser leer zu räumen. Auf der Straße warten schon die Fuhrwerke. Es ist ein Spektakel, das mir in Fleisch und Blut übergegangen ist. Unter Trompetenstößen und Peitschenknallen ziehen über hundert von uns Herrschaften aus der Stadt. Die meisten, auch unsere Familie, lassen sich im benachbarten Eltville nieder, einem kleinen Städtchen am Rhein. Andere ziehen auf noch entfernter gelegene Landwesen.

Sollen die Zünftler zusehen, wie sie eine Stadt regieren können, wenn die fehlen, die das Geld haben! Es wird einige Wochen dauern, ehe verhandelt wird und wir zurückkehren werden. Ich habe das seit meiner Kindheit immer wieder mitgemacht.

Der mittelalterliche Mensch

Johannes Gutenberg wurde vor über 600 Jahren geboren. Wenn im Schnitt jeder Mensch mit 30 Jahren Kinder hat, könnte er unser Urururururururururururururururgroßvater sein. Seine Erzeugnisse, seine Bücher, kann man immer noch zur Hand nehmen. Doch dachte und fühlte er wie wir, hatte er dieselben Sorgen und Wünsche? Darüber kann sich jeder selbst Gedanken machen, wenn er sich vorstellt, wie Gutenberg seine Heimatstadt Mainz erlebte. Vielleicht kam er eines Tages von einer Wanderung zurück. Er war durch eine Landschaft gegangen, die in viele kleine Äcker und Wiesen aufgeteilt war, auf denen Bauern arbeiteten. Sie pflügten und säten und sammelten Steine ein. Ihre Häuser duckten sich als lehmige Hütten in die Landschaft. Dann erhob sich vor ihm die Stadt mit hohen Häusern, Türmen und einer Stadtmauer, die wie eine Felswand dastand. An einem der Stadttore musste er sich ausweisen und vielleicht sogar durchsuchen lassen, ehe ihn das Gewimmel von Menschen, Tieren und Häusern aufnahm.

Auf seinem Weg musste er ständig achtgeben, nicht

Älteste Ansicht von Mainz, 1518

überfahren oder niedergeritten zu werden – oder von oben beschmutzt zu werden, wenn jemand seinen Unrat auf die Straße kippte. Bettler, hungernde Waisenkinder und sieche Alte streckten ihm die Hand entgegen. Viele Menschen liefen zerlumpt herum. Vielleicht sah er auf dem Richtplatz noch die baumelnden Körper hingerichteter Verbrecher.

Näherte er sich dem Zentrum, konnte er endlich auf gepflasterten Wegen gehen, hin zum Dom, der sich aus dem Häusermeer wie ein steinernes Gebirge erhob. Ständig wurde er von Freunden und Bekannten angesprochen. Nirgendwo gab es einen Raum, wo er für sich sein konnte. Trotzdem blieb man unter seinesgleichen. Wer in eine feine Familie geboren wurde, hatte einfach mehr Rechte, fühlte sich als etwas Besseres als die gewöhnlichen Menschen – so war es schon immer gewesen. Es war genau festgeschrieben, was man durfte und was nicht, ständig stand man unter Aufsicht durch andere. Das Leben war festgelegt – und konnte jederzeit durch Krankheiten oder nur durch einen Blasenstein von Gott beendet werden. Und dabei musste man immer fürchten, in die Hölle zu kommen.

Dachte und fühlte da Gutenberg wie wir? Das ist sehr unwahrscheinlich, denn schon unsere Eltern und Großeltern denken ja sehr anders als wir heute – und Gutenberg wäre schließlich unser Urururururururururururururur- urururgroßvater.

Ins Straßburger Exil

Wie einem die Zeit lang werden kann, wenn man zur Untätigkeit verdammt ist! Ich versuche mich ein wenig im Handel von Schmuck, da ich doch seit meiner Kindheit den Umgang mit Geld, mit Metallen und Edelsteinen gewohnt bin. Schließlich komme ich aus einer Familie erfahrener Handelsherren. Nur fehlen in Eltville die Kunden für ein solches Geschäft.

Es vergeht der Winter und aus Mainz ist von keiner Einigung zu hören. In dem kleinen Eltville fällt mir die Decke auf den Kopf. Mein Bruder Friele denkt genauso. Wir beschließen, nach Straßburg zu ziehen. Schon als Kinder waren wir in dieser mächtigen Stadt im Elsass zu Gast. Auf unserer Reise sehen wir nach einigen Tagen die Spitze des Straßburger Münsters in der Ferne aufragen. Was haben sie dort für einen Turm gebaut! Er ist unfassbar hoch. Wie reich ist diese Stadt! Obwohl auch dort bereits die Zünftler herrschen, haben doch die Patrizier viel von ihrem Einfluss behalten. Sie nehmen uns herzlich auf.

In Straßburg pulsiert das Leben. Mainz ist dagegen fast ein Bauernkaff. Straßburg ist fünfmal größer. Es ist eine Stadt am Wasser und durchzogen von Kanälen, auf denen Waren transportiert werden. Die Bürger haben den Fluss Ill aufgestaut und kunstvoll durch die Stadt geleitet. Ihre Boote erreichen schnell und sicher den nahen Rhein, auf dem es leicht nach Basel und in meine Heimatstadt geht und auch weiter nach Köln und in die Niederlande und bis zur Nordsee. Mit Venedig wird Straßburg verglichen, nur dass durch die italienische Stadt im Meer nicht klares Süßwasser, sondern übel riechendes Salzwasser fließt.

In einer Herberge nehmen wir uns ein Zimmer. Ich genieße das Leben. Mein Bruder verhält sich zurückhaltend. Ich lasse mich treiben, ziehe von einer Bier- und Weinstube in die nächste. Bald kenne ich etliche junge Edelleute unter den Konstoflern. So heißen in Straßburg die Alten, also die Patrizier.

Zum Glück können wir auf Geld zurückgreifen, das unsere Familie in Straßburg angelegt hat. Aus Mainz hören wir nichts Gutes. Die Zünftler sind stur. Es gibt immer noch keine Einigung, im Gegenteil: Sie

sperren uns unsere Renten*. Wir Alten haben alle der Stadt Geld geliehen, das uns in Raten mit Zins zurückgezahlt werden muss. Diese Renten zahlen uns die unverschämten Zünftler einfach nicht aus. Dazu verbreiten sie, dass die Zahlungen an uns Alte die Stadt in den Ruin treiben würden. Wir haben aber unser Geld der Stadt anvertraut. Was können wir dafür, wenn im Rathaus so schlecht gewirtschaftet wird! Für mich steht fest: Wir ausgewanderten Alten dürfen unsere Rechte nicht aufgeben. Soll die Stadt sehen, wie sie ohne unser Geld wirtschaftet! Die Frage ist immer: Wer braucht wen dringender – die Stadt uns oder wir die Stadt. Leider dauert es sehr lange, bis Nachrichten aus Mainz Straßburg erreichen.

Mein Bruder reist bald wieder ab. Er ist bereit, mit den Zünftlern in Mainz seinen Frieden zu machen. Wir streiten deswegen. Es fliegen die Fetzen. Wieder wird uns klar, dass wir nicht

miteinander können. Mein Bruder hält mich für aggressiv und arrogant. Ich halte ihn für einen Anpasser.
Es dauert eineinhalb Jahre, bis in den März 1430, als es in Mainz endlich zu einer Einigung kommt. Alte und Zünftler lassen eine große Urkunde verfassen, die sie Rachtung nennen. Darin regeln sie genau, wer was darf und was nicht, wer sich wie zu verhalten hat, wer welche Rechte besitzt. Immerhin dürfen wir Alten einige unserer Posten im Rathaus behalten. Wir haben auch weiter das Münzrecht. Sonst aber beherrschen die Zünftler die Stadt. Gewiss, sie erlauben mir, nach Mainz zurückzukehren. Wie gnädig! Nur soll ich vorher schriftlich versichern, dass ich mich an die neue Rachtung halten werde. Welche Anmaßung! Unter solchen Bedingungen kehre ich nicht zurück. Vor den Zünftlern mache ich keine Verbeugung.

Fortan bleibt meine Rente aus. Die Zünftler wollen mich zwingen, dass ich vor ihnen erscheine und mich ihrem Willen beuge. Aber sie sollen mich kennenlernen! Am liebsten würde ich ein Heer aufstellen, um gegen die Räuber im Mainzer Rathaus vorzugehen.

Nur habe ich sowieso noch nicht die Absicht, in meine Heimatstadt zurückzukehren. Ich habe am Straßburger Leben Gefallen gefunden. Wo gibt es bessere Möglichkeiten, das Leben zu genießen und neue Wege einzuschlagen? Doch das Leben in einer so großen Stadt ist teuer. Bald reichen die Straßburger Ersparnisse meiner Familie nicht mehr aus und ich sitze finanziell auf dem Trockenen.

1433 stirbt meine Mutter. Auch das laste ich den Zünftlern an, dass ich bei ihrem Tod nicht bei ihr sein konnte. Immerhin bessert sich dadurch meine Lage ein wenig. Denn als Erbe bekomme ich den Hof zum Gutenberg in Mainz allein auf mich übertragen. Mein Bruder bekommt ein anderes Haus in Eltville, in dem er auch wohnt. Nur wird mir schnell bewusst, wie wenig es mir in Straßburg nützt, in meiner Heimatstadt ein Haus zu besitzen. Irgendwie muss ich zu Geld kommen.

In einer anderen Hinsicht hilft mir der Tod meiner Mutter: Ich nenne mich seither meist Gutenberg, wenn ich mich in Gesellschaft bewege. So kann ich an einem neuen Ort leicht meinen Namen Gensfleisch abstreifen, der mir nie gefallen hat. Offiziell wird von mir nun meist als Johannes Gensfleisch gesprochen, genannt Gutenberg.

Wem gehört die Stadt?

Zur Zeit Gutenbergs machten Bauern 90 Prozent der Bevölkerung aus. Die meisten waren abhängig von ihren Lehnsherren, denen sie den „Zehnt", ursprünglich ein Zehntel all ihrer Erzeugnisse, abliefern und zu Diensten sein mussten; den wenigsten gehörte das Land, das sie beackerten. Doch in den neuen großen Städten sah schon alles anders aus. „Stadtluft macht frei", hieß es für die, die es geschafft hatten, sich dort niederzulassen.
In den meisten Städten herrschte anfänglich ein Fürst oder Bischof mit seinen Untergebenen. Diese gewannen bald selbst genug Macht, um mit dem Bischof regieren zu können oder sogar gegen ihn. So setzten sich als herrschende Klasse die sogenannten Patrizier durch, reiche Bürger, denen in der Stadt die meisten Häuser gehörten, die Abgaben für sich erhoben, die das Geld herstellten, also das Münzrecht besaßen, und den Warenverkehr kontrollierten. In einigen Städten, den freien Reichsstädten, regierten diese Patrizier sogar ohne einen übergeordneten Fürsten oder Bischof – nur der Kaiser konnte ihnen noch Befehle erteilen.
Als aber die Handwerker immer bessere Waren entwickelten und diese immer besser verkaufen konnten, gewannen sie auch immer mehr Einfluss. Als Spezialisten stellten sie alles her, was in der Stadt benötigt wurde: Kisten, Kleider, Brot, Sägen, Särge, Bier ... Damit sie ein sicheres Auskommen hatten, schlossen sie sich in Zünf-

ten zusammen, in Vereinen mit eigenen Gesetzen. Sie legten die Preise fest und wachten über die Qualität der Waren. Nur als Mitglied der Zunft durften die Handwerker ihren Beruf ausüben.

Die Patrizier konnten bald nur noch auf die Tradition verweisen, um zu begründen, dass sie in der Stadt das Sagen hatten. Die Zünftler waren längst die Mehrheit, beherrschten die Wirtschaft und erarbeiteten den Reichtum. Dagegen lebten die Patrizier eher von verzinstem Geld oder städtischen Einkünften – im Grunde auf Kosten der Allgemeinheit. So kam es in vielen deutschen Städten zu Konflikten bis hin zu Bürgerkriegen, die sich oft lange hinzogen, meist so lange, bis die Zunftgenossen im Rat mitregieren oder ihn sogar beherrschen konnten. Zu Zeiten Gutenbergs hielten diese Konflikte noch immer an.

Handwerker erbauen eine Stadt. Holzschnitt, um 1480

In Geldsorgen

In meiner Herberge bewohne ich inzwischen zwei große Räume. Meine Wirtsleute sorgen sich rührend um mich. Wenn ich es wünsche, bringen sie mir mein Essen auch aufs Zimmer. Oft habe ich Besuch und es wird laut. Meine Wirtsleute lassen mich aber gewähren, selbst wenn ich Damenbesuch habe. Immerhin verdienen sie gut an mir; sie wissen nicht, dass ich kaum noch genug Geld besitze, um die Miete zu zahlen.
Lange muss ich warten, ehe ich zu meinem Recht

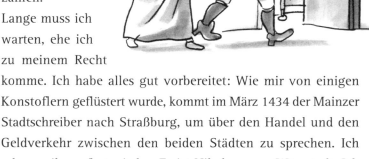

komme. Ich habe alles gut vorbereitet: Wie mir von einigen Konstoflern geflüstert wurde, kommt im März 1434 der Mainzer Stadtschreiber nach Straßburg, um über den Handel und den Geldverkehr zwischen den beiden Städten zu sprechen. Ich erkenne ihn sofort wieder: Es ist Nikolaus von Wörrstadt. Ich verfolge jeden seiner Schritte.
Als er an einem Tag das Rathaus verlässt und allein zum Münster schlendert, schnappe ich ihn mir gemeinsam mit Andreas

Dreizehn und Andreas Heilmann, zwei adeligen Bürgern der Stadt. Mit ihnen hatte ich schon oft meinen Spaß. Sie vertrauen mir. Wir schleppen den Schreienden in eine Stube im Haus von Andreas Dreizehn und setzen ihn dort fest. Diese Stube ist aus Stein gemauert und mit einer Eichentür verschlossen.

Dann fange ich an zu verhandeln – einmal mit Vertretern der Stadt Straßburg, die mir sagen, ich könnte nicht das Recht in die eigene Hand nehmen; außerdem mit diesem Nikolaus selbst, dem ich genau vorrechne, wie viel Geld mir die Stadt Mainz schuldet und wie viel Geld ich als Rente weiterhin zu bekommen habe.

Ich sage diesem Nikolaus: „Ich lasse dich erst wieder frei, wenn ich schriftlich habe, dass ich meine Gelder bekomme, und zwar regelmäßig ausbezahlt."

Dieser Nikolaus sitzt da mit hochrotem Kopf und sagt: „Das ist Erpressung. Wo leben Sie, Gensfleisch? Wir befinden uns nicht mehr in den dunklen Zeiten, als ihr Alten machen konntet, was ihr wolltet. Außerdem gehören Sie gar nicht richtig dazu."

„Wozu?", frage ich.

„Zu den Alten! Ihr seliger Vater hat sie doch außer Standes gezeugt."

„Du unverschämter Lump!", brülle ich und will ihm an den Hals. Doch Andreas Dreizehn hält mich zurück. Er zieht mich hinaus. Ich schmeiße die Stubentür zu und verriegele sie.

Auf der Straße werde ich von zwei Mitgliedern des Rathauses abgepasst, die mit mir reden wollen. Sie sagen mir deutlich, dass es mir nicht zustehe, Gesandte anderer Städte festzusetzen. Ich erkläre ihnen, ich hätte dazu sehr wohl das Recht. Ich habe es schriftlich: Wenn die Stadt Mainz mir mein Geld nicht auszahlt, kann ich sie angreifen, bedrängen und pfänden. Sie wollen dann selbst mit Nikolaus reden.

Am Ende kommt es wirklich zu einer Einigung. Dieser Nikolaus bestätigt mir, dass ich meine Rentenzahlungen erhalten werde. Als er mir das auch gelobt und schwört, lasse ich ihn zu Ehren der Ratsherren der Stadt Straßburg frei. Tatsächlich bekomme ich bald meine Gelder bezahlt. Damit kann ich zunächst meine Schulden begleichen.

Trotzdem bessert sich meine Lage wenig. Was es mich allein kostet, meinen gesellschaftlichen Verpflichtungen nachzugehen! Wenn ich mit den Konstoflern Karten spiele, mir meine Wirtsleute für einige von ihnen ein Essen bereiten oder ich nur mit einem von ihnen ausreite, leert das meine Geldbörse manchmal bis zur Neige.

Außerdem fühle ich mich immer mehr einem Fräulein zugetan. Ennel zu der Eisernen Tür heißt sie. Ich mag sie sehr. Sie ist eine rechte Patriziertochter, die sich zu benehmen weiß. Gern mache ich ihr teure Geschenke. Unsere Gefühle zueinander wachsen wie ein Baum, der sich verwurzelt.

Doch dann kommt es zum Bruch. Ennel wirft mir vor, ich

hätte auch mit anderen Frauen Umgang. Als ich unser Verhältnis beende, verklagt sie mich plötzlich vor Gericht. Sie behauptet, ich hätte ihr die Ehe versprochen. Sie will mich unbedingt heiraten. Doch auf diese Weise lasse ich mich erst recht nicht wiedergewinnen.

Also muss ich wieder einmal einen Gerichtsprozess durchstehen. Mit welchen Tricks dort gearbeitet wird! Die Familie des Fräulein Ennel hat sogar den Schottenlawel als Zeugen bestellt, Klaus Schott mit richtigem Namen, einen Schuhmacher! Und was macht dieser Zünftler, den ich kaum je gesehen habe? Stellt sich hin und behauptet, er hätte mich mit dem Fräulein in eindeutigen Posen gesehen! Da platzt es aus mir heraus. Er sei ja wohl ein armer notdürftiger Mensch, der ein schnödes Leben mit Lügen und Trügen führe, rufe ich ihm zu. Jetzt habe ich noch eine zweite Klage am Hals. Wegen meiner Schmähungen will nun dieser Schottenlawel auch noch ein Sühnegeld von mir.

Ich komme kaum über die Runden. Tag und Nacht grübele ich darüber nach, wie ich in meinem Elsässer Exil zu mehr Geld kommen könnte. Am Ende muss ich mich ja auch noch mit diesem Schottenlawel einigen, der von mir wegen meiner angeblichen Beleidigungen tatsächlich 15 Gulden* zu bekommen hat. 15 Gulden wegen einiger unbedachter Worte! Das ist mehr, als ein solcher Schuster wie er in einem Jahr verdient. Die Richter schätzen mich auch noch als reich ein.

Die besondere Geschichte der Stadt Straßburg

Die Stadt Straßburg heißt heute offiziell Strasbourg (gesprochen: s-trassbúhr) und liegt in Frankreich. Sie ist ein Beispiel dafür, wie eine Region ihre Kultur und Identität komplett wechseln kann. Zu Gutenbergs Zeiten bildete Straßburg eines der Zentren des deutschen Humanismus, dieser neuen Geistesrichtung, die auf die Philosophie der Antike setzte und den Wert des einzelnen Menschen betonte. Die Bürger hatten längst den früheren Herrn ihrer Stadt entmachtet, den Bischof, und auch die Zunftkämpfe hatten sie schon hinter sich: Die Zünfte regierten als Mehrheit mit den Patriziern, die sich in Straßburg Konstofler nannten, und die Übergänge zwischen den Klassen waren fließend geworden. Als freie Reichsstadt war Straßburg nur dem Kaiser verpflichtet und regierte sich selbst. Für viele Humanisten war sie Vorbild für Demokratie und Republik. Sie prägten von dort stark die geistige Kultur Deutschlands. Straßburg entwickelte sich nach Gutenbergs Erfindung schnell zu einem Zentrum des Buchdrucks.

Die Bedeutung und Größe der Stadt erkennt noch heute jeder, der vor ihrem Münster steht, dieser riesigen gotischen Kirche, die jeder als Bild kennt – es fehlt ihr seltsamerweise der zweite Turm, der nie gebaut wurde. Doch auch mit nur einem Turm war das Straßburger Münster jahrhundertelang das höchste Gebäude der Welt. Es war

der schlagende Beweis für den Reichtum der Stadt, die sich ein solch mächtiges und prächtiges Gebäude leisten konnte. In seiner Bedeutung kam Straßburg fast Städten wie Paris und Wien gleich. Während der nächsten Jahrhunderte machten Straßburg und das Elsass dann einen radikalen Wandel durch. Unter dem mächtigen französischen Herrscher Ludwig XIV. (1638–1715) dehnte Frankreich seine Grenze mit Gewalt bis zum Rhein aus. Damit war Straßburg eine französische Stadt geworden, die zwar noch deutsch geprägt war, aber spätestens mit den freiheitlichen Rechten der Französischen Revolution 1789–99 sich auch in Kultur und Sprache an Paris orientierte. Endgültig erfolgte der Bruch mit Deutschland aber erst mit der Barbarei der Nationalsozialisten im 20. Jahrhundert, die das Elsass wieder ganz deutsch machen wollten. Nach dem Zweiten Weltkrieg wollte man dort wirklich französisch sein.
So ist heute im Elsass auch die deutsche Sprache nur noch in Resten erhalten.

Ansicht von Straßburg von 1493

Vor den Toren Straßburgs

Als Patrizier muss ich mir etwas leisten können. Nur wie? In meiner Familie bin ich mit dem Handel groß geworden und in Straßburg wird mir überall vorgemacht, wie das geht: Man bestellt Waren aus dem Ausland und verkauft sie weiter. Dazu benötigt man am Anfang allerdings viel Geld, weil die Waren erst einmal eingekauft werden müssen. Geld habe ich aber kaum. Also bliebe mir nur die andere Möglichkeit, die schäbigste: zu arbeiten. Man stellt selbst etwas her, Nägel, Tuch, Papier, was man dann verkauft. Doch nicht einmal eine solche Arbeit kann ich aufnehmen. Wie in Mainz muss man in Straßburg zu einer dieser Zünfte gehören. Nach ihren Regeln kann ich keine Ausbildung vorweisen und gelte zudem als Ausländer.

Was soll ich tun? Als Patrizier kann ich keinen Handel treiben, weil mir das Geld fehlt, und Geld kann ich nicht verdienen, weil ich kein Zünftler bin. Soll ich etwa nach Mainz zurückkehren? Dazu müsste ich mit den Zünftlern Frieden schließen. Das erlaubt mein Stolz nicht. Ich muss ein Geschäft finden, das mir angemessen ist, das wirklich Geld einbringt!

Als ich mir den Umgang mit meinen Freunden nicht mehr ohne Weiteres leisten kann, ziehe ich hinaus nach Sankt Arbogast, einem kleinen Ort bei einer Klosteranlage, eine halbe Stunde Gehweg vor den Mauern Straßburgs. Ich will auch Abstand gewinnen. Die Sache mit dem Fräulein Ennel geht mir ziemlich an die Nieren. Der Prozess zieht sich hin. In Sankt Arbogast kann ich ein Haus bewohnen und mir eine Werkstatt aufbauen, was ich ja in Straßburg selbst nicht darf. Immerhin verstehe ich mich als Handelsherr auf den Umgang mit teuren Materialien.

Bald handele ich mit Gold und Edelsteinen. Ich fange bescheiden an und leihe mir Geld, wo ich kann. Ich nehme sogar einen Gehilfen auf, den Andreas Dreizehn, der bei mir die Kunst des Edelsteinschleifens lernen will. Auch er finanziert zuerst meine Werkstatt mit. Immerhin kann ich bald einen Diener anstellen, Lorenz Beildeck, der mir den Haushalt führt.

Immer einmal wieder kommen meine Freunde zu mir hinaus. Sie begeistern sich an dem Schmuck, den ich ihnen präsentiere. Sie kaufen davon und bei einigen von ihnen kann ich zusätzlich Geld leihen. Wir vergnügen uns und singen und tanzen. Ich habe einen ziemlich großen Weinvorrat angelegt und auf einen Schlag gleich 2.000 Liter gekauft. Nun ja, dieses Getränk trägt sehr zur Geselligkeit bei.

Nach außen kann ich zwar vorgaukeln, Patrizier zu sein, aber wirklich erfüllen kann ich meine Rolle nicht. Ich merke es daran, dass einmal einer der Konstofler recht abfällig bemerkt, ich würde in meiner Werkstatt wohl selbst arbeiten. Wenn er wüsste!

Ich muss mir etwas völlig Neues ausdenken, eine neue Ware, die es auf dem Markt noch nicht gibt. Zu ihrer Herstellung gäbe es auch noch keine Bestimmungen und keine Einschränkungen. Tag und Nacht grübele ich, was die Menschen wohl Neues gebrauchen könnten. Sie haben doch alles, denke ich manchmal, sie können alles kaufen, was man sich nur vorstellen kann: Lederschuhe, Draht, Kerzen, Wagenräder, Sanduhren …

Eines Tages kommt überraschend Hans Riffe bei mir vorbei. Er hat viel Geld und wir haben in den Straßburger Weinstuben oft genug Spaß gehabt. Er sprengt mit einem zweiten Pferd vor meine Werkstatt und ruft, ich solle herauskommen und das Leben genießen. Ich brauche mal Abwechslung, entscheidet er für mich.

Er prescht mit seinem Pferd so voran, dass ich kaum folgen kann. Weit geht es hinaus in die Landschaft. Wir besuchen befreundete Adelige auf ihren Landsitzen, kehren bei Winzern ein und gelangen schließlich nach Hagenau, einer kleinen Stadt im Norden von Straßburg.

Dort treffen wir Diebold Lauber. Als gelehrter Mann heißt er uns herzlich willkommen. Stolz erklärt er uns seinen Betrieb: Er kopiert Bücher, das heißt, er lässt von Dutzenden Schreibern große oder kleine, geistliche oder weltliche Bücher abschreiben und hübsch bemalen. Welchen Erfolg er damit hat! Riffe kauft ein juristisches Buch und ein schön erzähltes von den Abenteuern des Parzival. Ich selbst kann mich nicht entscheiden. Außerdem haben die Bücher ihren Preis.

Lauber erklärt uns, die Leute wollen immer mehr Bücher. Während er am Anfang nur auf Bestellung gearbeitet hat, lässt er inzwischen sogar auf Vorrat Bücher kopieren. Er weiß, dass er sie früher oder später mit Sicherheit verkaufen kann. Von manchen Büchern könne er gar nicht genug herstellen, sagt er. Je mehr die Leute verdienen, desto besser bilden sie ihre

Kinder aus, desto mehr Bücher werden verkauft. Dabei sei es nicht leicht, gut ausgebildete Schreiber zu bekommen.
Als ich mit einem von ihnen an seinem Schreibtisch spreche, stöhnt er auf: „Dieses Buch hier, Erzählungen aus der Bibel auf Deutsch, habe ich schon zehnmal abgeschrieben. Ich könnte es hundertmal abschreiben und es würde sich verkaufen. Wir müssten Maschinen haben, die Bücher schreiben."
Am Abend reiten wir von Hagenau in einem Stück zurück. Ich danke Hans Riffe herzlich für dieses Abenteuer. Als er mich wieder in Sankt Arbogast absetzt, habe ich einen schmerzenden Hintern und den Kopf voller Gedanken. Mir geht der Ausspruch des Schreibers in Hagenau nicht aus dem Sinn. Die verrückte Idee von Maschinen, mit denen gleich 100-mal dasselbe hergestellt werden kann, lässt mich nicht los.

Buchherstellung vor der Erfindung des Buchdrucks

Was ist eigentlich das Besondere an Büchern? Sie enthalten Wissen und die Gedanken, die sich andere Menschen gemacht und aufgeschrieben haben. Mithilfe von Büchern können dieses Wissen und diese Gedanken übermittelt und bewahrt werden.
Ein Mensch im Mittelalter gelangte nur mit Schwierigkeiten an ein Buch. Entweder musste er in eine Bibliothek gehen und es dort lesen oder er musste es ausleihen, es sich vielleicht sogar aus einer anderen Stadt zuschicken lassen. All das war umständlich und teuer. Es gab nur wenige Bücher. Wer sich gar ein eigenes Buch kaufen wollte, musste dafür unvorstellbar viel Geld bezahlen. Das umfangreichste Werk, eine Bibel, kostete so viel wie ein Haus.
Der Grund war, dass jedes neue Buch abgeschrieben werden musste. Vor allem die Klöster waren die Schreibstuben des Mittelalters. Die Mönche saßen stundenlang auf harten Bänken und schrieben mit dem Kiel einer Vogelfeder Seite um Seite

I Schreibender Mönch, um 1290/95

eines Buches ab, andere Mönche verzierten dann noch viele Seiten und bemalten sie sogar mit schönsten Bildern. Früher taten sie das auf Pergament, der zum Beschreiben verarbeiteten Haut von Tieren, zu Lebzeiten Gutenbergs immer mehr auf Papier, das aus Lumpen hergestellt wurde. Man kann sich leicht vorstellen, wie teuer allein eine Pergamentseite sein musste, wenn dafür die Haut von Tieren geopfert werden musste. Aber auch Papier kostete immer noch ein Viertel von Pergament. Die Herstellung einer Bibel mit über 1.000 Seiten Text konnte Jahre dauern.

Ein neues Buch zu verfassen, war noch aufwendiger. Der Text wurde dazu meistens diktiert und zunächst in eine Wachstafel geritzt. Dann wurde er überprüft und korrigiert, ehe ihn die Schreiber auf Pergament oder Papier übertrugen.

Die Schreiber mussten gut ausgebildet sein, schon weil sie Latein beherrschen mussten, die Gelehrtensprache des Mittelalters. Sie mussten wissen, wie man die Feder schnitt und die Tinte anrührte. Sie mussten genau wissen, wie eine Buchseite einzuteilen war, wie viele Zeichen sie darauf unterbringen konnten. Nach Möglichkeit durften sie sich nicht verschreiben, auch beim Abschreiben keinen Fehler machen. Und ihre Schrift musste sauber und einheitlich sein, damit sie alle gut lesen konnten. Der Beruf des Schreibers war eine Kunst.

Ein Geschäft mit Spiegeln

In meiner finanziellen Not hilft mir vielleicht der liebe Gott. Als ich an einem warmen Frühlingstag 1437 aus dem Gericht trete, wo endlich die Klage des Fräulein Ennel gegen mich abgewiesen wurde, treibt es mich zum Münster. Dort komme ich mit einem Händler ins Gespräch, der in einem Seitenschiff Devotionalien* vertreibt. Er erzählt mir von der Wallfahrt nach Aachen, die alle sieben Jahre stattfindet – zum nächsten Mal 1439. Da werde er gut verkaufen! Er fängt schon jetzt an, dafür zu produzieren, zwei Jahre vorher. Tausende Pilger werden dorthin

strömen, Zehntausende! Sein Blick leuchtet und der meine wandert über seinen Verkaufstisch. Ich nehme ein seltsames Metallteil in die Hand, das viel Geld kosten soll. Der Händler erklärt mir, es handele sich um einen Spiegel, wie er sie für die Wallfahrt herstellen will. Die seien da heiß begehrt.

Ich frage, was es damit auf sich hat. Spiegel für eine Wallfahrt? Damit kann man die Strahlungen auffangen, erklärt mir der Händler, die von den Reliquien* ausgehen.

Ich stehe vor Staunen starrend da. Davon habe ich auch schon in Mainz gehört, wo ja viele Pilger auf dem Weg nach Aachen Station machen. Im Aachener Münster sind einige der wichtigsten Reliquien der Christenheit versammelt, etwa das blutgetränkte Lendentuch von Jesus. Diese Reliquien sollen geheime Kräfte haben. Deswegen versuchen die Leute, sie anzufassen oder wenigstens anzusehen. Weil längst so viele Menschen zur Wallfahrt nach Aachen pilgern, werden ihnen dort die Reliquien nur noch aus der Ferne gezeigt. So soll ihre Strahlung auf sie wirken. Und damit die Pilger die Kräfte der Strahlung mit nach Hause nehmen können, versuchen sie, die in Broten oder am besten in Spiegeln aufzufangen. Deswegen ist der Verkauf solcher kleiner Heilsspiegel ein Mordsgeschäft.

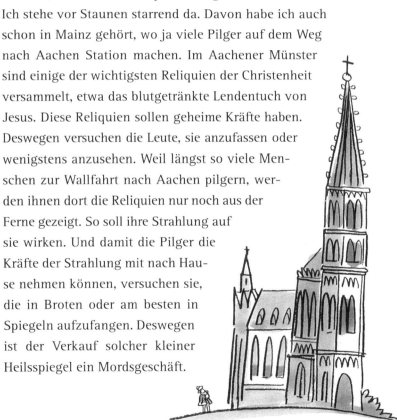

Es erscheint mir wirklich so, als hätte ich erst in die Kirche gehen müssen, damit mir Gott einen Wink gibt. Nun grübele ich, wie man diese Metallspiegel wohl in großer Zahl und billig herstellen könnte. Der Händler hat mir dazu sein Verfahren erläutert: Er schneidet das Abbild des Spiegels in Stein und gießt diese Form mit einer Legierung* aus Blei und Zinn aus. Das erscheint mir umständlich. Man müsste ein Verfahren finden, das viel schneller ginge. Es muss möglich sein, jeden Tag

gleich Hunderte von Spiegeln herzustellen. Ich könnte in die Rahmen sogar die Edelsteine einsetzen, mit denen ich handele. Edelsteine können eine göttliche Strahlung bestimmt am besten speichern. So würde man diese Spiegel erst recht als etwas Besonderes ansehen.

Ich galoppiere fast die ganze Strecke nach Sankt Arbogast zurück und beginne sofort zu experimentieren. Es dauert viele Tage, ehe ich eine Lösung gefunden habe: Ich schneide eine Form in hartes Metall, das ich in einer Presse zum Prägen von weicherem Metall benutzen kann. So kann ich die Pilgerzeichen eins nach dem anderen ausstanzen. Das geht rascher als das Gießen, bei dem man immer gefährlich mit dem flüssigen Metall hantieren muss. Schnell erkenne ich, dass ich so zwar eine Menge Pilgerzeichen herstellen kann, aber nicht die Menge, die ich vorhabe. Denn für die Aachener Wallfahrt darf ich nicht wie ein Krämer vorgehen. Ich muss etwas wagen. Ich muss mehrere Formen zum Prägen unter der Presse haben, auch damit ich verschiedene Spiegel anbieten kann. Also brauche ich eine neue, große Presse, die genau nach meinen Bedürfnissen gearbeitet sein muss. Ich vertraue mich Hans Riffe an. Der ist sofort Feuer und Flamme für das Projekt. Er steigt mit einer großen Summe ein. Das tut auch einer der mächtigsten Handelsherren der Stadt, Friedel von Säckin-

gen, der zu meinem Erstaunen Zünftler ist wie Riffe. Und als würde sich alles von selbst fügen, beteiligt sich einer der Konstofler selbst, Andreas Heilmann. Der wiederum kennt den Andreas Dreizehn, der bei mir als Steinschleifer arbeitet.

Ich merke bald, wie Andreas Dreizehn bei seiner Arbeit immer wieder herüberlugt, was ich wohl hinten in meiner Werkstatt sonst noch mache. Doch ich verschließe die Tür. Falls mein Verfahren auffliegt, würden es andere sofort übernehmen.

Eines Tages bringt mir der Schreiner Konrad Sasbach eine große Presse, die er extra für mich aus Eichenholz gefertigt hat. Da kann Andreas Dreizehn seine Neugierde nicht mehr zügeln und er fragt mich, was ich da vorhabe.

Schließlich erzähle ich ihm von der Wallfahrt nach Aachen und meinen Plänen und wie viel Geld sich dabei verdienen ließe. Tatsächlich ist auch er bereit, so viel Geld wie die anderen zusammenzubringen. Immerhin handelt es sich um 80 Gulden, den Wert eines ganzen Hauses. Ich schließe auch mit ihm einen Vertrag.

Andreas Dreizehn ist so begeistert, dass er sich auch bereit erklärt, die Spiegel zu prägen. Wir beschließen, die Presse in seinem Haus in Straßburg aufzubauen.

Bald liegen Hunderte von geprägten Pilgerzeichen vor. Ich lasse sie alle zu mir nach Sankt Arbogast bringen. Dort überprüfe ich ihre Qualität, feile und biege sie zurecht und setze zum Schluss jeweils einen hübsch glänzenden Edelstein ein.

Was für ein Geschäft das wird!

Wallfahrten

In jeder Religion gibt es „heilige" Orte, wo die Gläubigen regelmäßig in großer Zahl zusammenkommen. Bilder, die jeder kennt, sind etwa Hindus, die sich am Ort Varanasi im Fluss Ganges von ihren Sünden reinwaschen, oder Muslime, die zu Tausenden um die Kaaba in Mekka strömen.
Die christliche Kirche bietet eine Vielzahl von Wallfahrtsorten. Entweder befinden sich dort, besonders in Rom, die Gräber von Heiligen und „Märtyrern", also von solchen Gläubigen, die für ihren Glauben den Tod in Kauf genommen haben. Oder es werden dort Gegenstände aufbewahrt, die in irgendeiner Weise mit bestimmten christlichen Heiligen verbunden sind: die Reliquien. Diesen schrieb man (und mancher tut das noch heute) besondere Kräfte zu. An anderen Wallfahrtsorten soll ein kirchliches Wunder geschehen sein, wie etwa in Lourdes in Frankreich, wo einem 14-jährigen Mädchen mehrfach Maria, die Mutter von Jesus, begegnet sein soll.
An den Wallfahrtsorten wollen die Pilger eine besonders tiefe Glaubenserfahrung machen oder sogar von Gebrechen geheilt werden. Die Kirche unterstützt diesen Glauben aktiv. Im Mittelalter waren die Wallfahrten sogar als Mittel der Sühne vorgeschrieben, wenn etwa jemand betrogen oder „Unzucht" begangen hatte.
Wallfahrten sind bis heute ein wichtiger Wirtschaftsfaktor für die betreffenden Orte. Deswegen scheute man im

Mittelalter keine Bemühungen – vor allem kein Geld –, um in den Besitz der Reliquien zu gelangen. Damit ließ sich am leichtesten ein Wallfahrtsort einrichten, da die Menschen von besonders verehrten Personen gerne etwas „in den Händen" halten. Das führte dazu, dass allein aus dem angeblichen Kreuz von Jesus Christus Hunderte von Teilen in ganz Europa verteilt waren und noch immer verteilt sind.

Die Aachener Heiligtumsfahrt hatte sich zu Gutenbergs Zeiten zu einer der wichtigsten Wallfahrten in Europa entwickelt. Nur nach Rom und Santiago de Compostela strömten mehr Pilger. Sie fand alle sieben Jahre statt und zog weit über 100.000 Menschen an. Aus der Ferne wurden dabei den Pilgern von Emporen auf dem Aachener Dom die vier bedeutenden Reliquien der Kirche gezeigt, darunter angeblich auch die Windeln des Jesuskindes.

Wallfahrtzeichen, darunter ein Spiegelzeichen, am Hut eines Pilgers

Das geheime Werk

Eines Tages eilt die Nachricht von Mund zu Mund, dass die Aachener Heiligtumsfahrt 1439 nicht stattfinden kann. In der Gegend grassiert die Pest*. Der Schrecken geht tief, für mich aber in ganz anderer Hinsicht: Wir sitzen auf Aberhunderten von Heilsspiegeln. Ich habe mich deswegen hoch verschuldet. Irgendwie muss ich die Zeit strecken. Vielleicht könnte ich ein neues Projekt anfangen, für das ich mir neues Geld leihen würde. Denn ich habe da etwas unter den Händen, für das könnte man nicht genug Geld aufbringen. Es wäre etwas so Revolutionäres, es würde die Welt auf den Kopf stellen.
Inzwischen traue ich mich schon, den Gedanken darüber auszusprechen: Wenn man mit Formen und einer Presse Dinge wie sogar diese Heilsspiegel so viel schneller herstellen kann, warum kann man das nicht auch mit Büchern machen?

Wenn man einmal die Druckform für eine Buchseite fertig hätte, müsste man die nur mit Farbe bestreichen und auf Papier pressen. So könnte man im Handumdrehen Hunderte von Seiten eines Textes herstellen. Nur, wie stellt man so eine Form her?

Bald mache ich nichts anderes mehr, als in meiner Werkstatt zu grübeln und zu tüfteln, immer bei geschlossener Tür, damit niemand etwas davon erfährt. Ich finde sogar schnell wieder Geldgeber für mein neues Projekt, das ich das Werk der Bücher nenne, vor allem Friedel von Säckingen und Hans Riffe. Auch Andreas Heilmann und Andreas Dreizehn werden Teilhaber an dem Unternehmen. Die Hoffnung ist, dass wir schon für die Aachener Wallfahrt hundertfach kopierte Texte anbieten können.

Doch dann nimmt das Schicksal seinen Lauf. Die Pest dringt nach Straßburg vor. Und als Ersten befällt sie Andreas Dreizehn. „Mir ist gar tödlich", sagt er bald und stirbt dahin.

Ich muss schnell handeln, denn in seinem Haus steht die Presse für die Pilgerzeichen. Als ich von seinem Tod höre, schicke ich sofort meinen Diener Beildeck los. Er soll in das Haus von Andreas Dreizehn gehen, um dort die Form

aus der Presse zu nehmen. Er soll sie auseinanderlegen, damit niemand erkennen kann, was es damit auf sich hat. Nach einigen Tagen ziehe ich selbst los und karre alles zu mir nach Sankt Arbogast. Dort warte ich ab, bis die Pestgefahr vorüber ist. Nur muss ich plötzlich von einer ganz anderen Seite um mich fürchten: Die Familie von Andreas Dreizehn strengt einen Prozess gegen mich an. Sie wollen das Geld zurück, das er in mein Unternehmen gesteckt hat. Angeblich hat er deswegen Haus und Hof versetzt. Aber die Bestimmungen sind klar: Wir haben schriftlich vereinbart, dass für den Fall, dass einer der Gesellschafter sterben sollte, sein Geld im Unternehmen bleibt. Das ist dann eben Pech, sage ich nur. Bloß muss ich

unter allen Umständen verhindern, dass vor Gericht bekannt wird, was es mit meiner Kunst auf sich hat, vor allem mit meinem Werk der Bücher. Die Spiegelproduktion ist in Straßburg inzwischen hinreichend bekannt, nur nicht das genaue Herstellungsverfahren. Wenn aber mein anderes großes Verfahren bekannt wird, kann ich als Geschäftsmann einpacken. Zum Glück hat vor allem Friedel von Säckingen genug Einfluss in der Stadt, um das zu verhindern. Ich bekomme vor Gericht Recht und nichts dringt ans Licht. Dann löst sich alles in Wohlgefallen auf.

Im Juli 1440 wird die Aachener Heiligtumsfahrt nachgeholt und wir können Tausende der Pilgerzeichen verkaufen. Ich kann meine Partner mit Gewinn ausbezahlen und habe nun genug Geld, um mein anderes Unternehmen weiterzuentwickeln. Mittlerweile habe ich einen vielleicht irrwitzigen Plan entwickelt: Um eine Druckform herzustellen, mit der man einen Text immer wieder neu drucken

könnte, zerlege ich alle Wörter in die einzelnen Buchstaben. Und diese einzelnen Druckbuchstaben stanze ich mit Formen aus einem Streifen Metall. Dann befestige ich sie an Holzstäbchen, reihe sie in einem Holzrahmen aneinander und drucke mit dieser Form.

Mir ist diese Idee irgendwann gekommen, bin ich doch mit dem Prägen von Münzen groß geworden. Sie ist genial und muss mein Geheimnis bleiben, sonst würden sich auch andere sofort daran versuchen.

Obwohl es mir in Sankt Arbogast gefällt, beginne ich, mich dort nicht mehr sicher zu fühlen. 1439 sind Tausende Armagnaken ins Elsass vorgestoßen, französische Söldner*, die wir arme Gecken oder Schinder nennen. Sie waren einmal Soldaten im Kampf gegen die Engländer und nun kann sie keiner entwaffnen.

So ziehen die Schinder raubend und plündernd durch das Land. Gewiss kann ich mich immer hinter die sicheren Mauern der Stadt flüchten, aber was ist mit der Einrichtung meines Betriebs? Damit kann ich nicht Hals über Kopf fliehen.

So gebe ich 1440 schweren Herzens meinen Wohnsitz in Sankt Arbogast auf und ziehe nach Straßburg. Dort mache ich einen folgenschweren Schritt – ich bewerbe mich als Zünftler und werde zur Probe aufgenommen, und zwar unter den Goldschmieden und Malern und Sattlern und Glasern und Harnischern. Das geht, denn inzwischen hat man in Straßburg die Regeln gelockert, damit wegen der Schindergefahr nicht noch zusätzlich Leute die Stadt verlassen. So habe ich Sicherheit, Deckung und Rückhalt. Ich handele weiter mit Schmuck und Edelsteinen, um das Werk zu decken, um das es mir einzig und allein geht.

Die Gutenberg-Forschung

Weil Johannes Gutenberg als Erfinder des Buchdrucks gilt und der Buchdruck eine der wichtigsten Erfindungen der Menschheit ist, hat sein Name überragende Bedeutung. Es sind aber zu seinem Leben kaum Schriftstücke überliefert. Deswegen ist die Erforschung seines Lebens immer wie Detektivarbeit gewesen. Über seine Straßburger Zeit gibt es immerhin umfangreiche Akten aus dem Prozess der Brüder Dreizehn. Diese Akten hat man genau studiert. Darin kommen Wörter vor wie „Presse", „Drucken" und „Würbelin", also Schrauben. Das bezog man sofort auf den Buchdruck, wo ebensolche Begriffe auch vorkommen. Inzwischen hat man aber herausgefunden, dass sich diese Begriffe auf das Stanzen der Pilgerzeichen bezogen.

Trotzdem wollten viele Forscher gern den Beweis erbringen, dass Gutenberg schon zu seiner Zeit in Straßburg Bücher druckte. Deswegen untersuchte man nun die frühesten Druckwerke, die man finden konnte, und verglich ihre Schriften miteinander. So entstand die sogenannte Typenkunde. Man sagte sich, dass die Druckschrift am Anfang noch nicht ausgereift gewesen sein kann. Außerdem nahm man an, dass in den ersten Druckwerken, als

Dieses Fragment eines Sibyllenbuches galt lange Zeit als Beweis, dass Gutenberg schon in Straßburg druckte.

Gutenberg noch übte, die Buchstaben noch ein wenig aus der Reihe tanzten. So könnte man ein Schriftstück entsprechend datieren.

Tatsächlich fand man ein einzelnes, beschnittenes Blatt eines solchen Schriftstücks, auf das diese Überlegung genau passte – und sah sich am Ende doch in die Irre geführt. Dieses Stück Papier ist zwar einer der ältesten überlieferten Drucke, kann aber trotzdem erst in Mainz entstanden sein.

Man musste einsehen, dass auch nach der Erfindung des Buchdrucks jemand schlampig und ungenau setzen und drucken konnte. Man untersuchte später auch die Beschaffenheit der jeweiligen Papiere, die Wasserzeichen darin, schließlich in hochmodernen, nuklearphysikalischen Spezialgeräten sogar die Druckfarben und ihre Bestandteile. Als Fazit blieb und das gilt bis heute: Es gibt keinen Beweis dafür, wonach Gutenberg schon vor seiner Rückkehr nach Mainz Bücher gedruckt hätte. Zwar ist es wahrscheinlich, dass er schon während seiner Zeit im Elsass die Erfindung des Buchdrucks weit vorangetrieben hatte, aber er selbst hat es vor Gericht geschafft, absolut geheim zu halten, was er da in seiner Werkstatt in Sankt Arbogast trieb. Doch allein die Beschäftigung mit dieser Frage hat mitgeholfen, die Druckforschung mit ihren detektivischen Erkenntnissen zu schaffen.

Zurück zu Hause

Im Jahr 1443 wird die Situation in Straßburg immer unhaltbarer für mich. Wieder sind die Schinder auf dem Vormarsch. Es könnte sein, dass sie sogar Straßburg belagern wollen. Die Stadt rüstet sich. Vorräte werden aufgestockt, die Stadtmauern ausgebaut, Männer zu den Waffen gerufen. Neue Abgaben wer-

den erhoben. Alles wird erfasst und ausgespäht. Das ist kein gutes Klima, um mein Werk der Bücher weiterzuentwickeln und vor allem geheim zu halten. Ich beschließe schweren Herzens fortzugehen, und zwar nach Eltville zu meinem Bruder. Streit hin oder her – nun geht mein Unternehmen vor.

Inzwischen kann ich schon einzelne Seiten drucken. Trotzdem habe ich noch nicht des Rätsels Lösung: Ich muss eine Methode finden, um die Druckbuchstaben schneller herzustellen. Außerdem muss ich eine Farbe zum Drucken entwickeln, die deutlich hervortritt, dabei aber schnell trocknet und nicht durchschlägt.

Zusätzlich muss die Presse so gut arbeiten, dass die Druckform nicht zerfällt und das Papier ohne Reißen sauber und gleichmäßig bedruckt wird, weshalb ich gelernt habe, es anzufeuchten. Worauf habe ich mich eingelassen? Wenn ich ein Problem gelöst habe, taucht ein neues auf. Aber nun kann ich nicht mehr zurück, im Gegenteil. Ich muss das Projekt so enorm groß planen, dass ich damit enorm viel Geld verdienen kann. Ich denke dabei an die Bibel. Aber bei dem Gedanken schwindelt mir.

Zusammen mit Konrad Sasbach, der für mich die so wichtigen Pressen baut, verlasse ich im März 1444 endgültig das geliebte Straßburg. Ich bin dort zum Geschäftsmann geworden und habe sogar gelernt, mich mit den Zünftlern zu verständigen. Denn in meinen Erfindungen haben sie mich sehr unterstützt. Sie haben mir erklärt, wie man Papier herstellt, wie man Tinte anrührt, Holz bearbeitet, Leder schneidet, Metalle gießt, und sie haben mir als reiche Krämer und Handwerker viel Geld anvertraut. Umso bedauerlicher ist es, dass ich die Gemeinschaft mit meinen Geschäftspartnern auflösen musste.

Das verschlafene Eltville kommt mir nun ganz recht. Ich kann dort in Ruhe mein Werk der Bücher weiterentwickeln. Immerhin steht 1447 die nächste Aachener Wallfahrt an. Dafür kann ich dann nicht nur wieder die Heilsspiegel, sondern auch erste gedruckte Ablassschreiben* im Auftrag der Kirche herstellen. Zugleich kann ich aus der Nähe beobachten, wie es um Mainz steht. Denn ich brauche

eine große Stadt, um zu kaufen und zu verkaufen, um Material und Werkzeug zu beschaffen und Geschäftsleute zu treffen. Vor allem brauche ich Geld und noch mehr Geld.

In Mainz hat der Rat im Dezember 1444 sogar beschlossen, dass nur noch Zünftler Mitglied sein dürfen. Ein Doktor Konrad Humery tut sich dabei groß hervor. Verbissen betreibt er die Sache gegen uns Patrizier. Doch zeigt sich bald, dass die Zünftler allein die Schulden der Stadt auch nicht loswerden. So bleibt ihnen nichts anderes übrig, als schon im Mai 1446 alle ausgezogenen Patrizier einzuladen, zurückzukehren und Mainz gemeinsam vor dem Ruin zu retten. Da besuche ich zum ersten Mal wieder die Stadt. Im Gespräch mit diesem Humery spüre ich sehr wohl, wie sich die Zünftler nun hüten, mich vor den Kopf zu stoßen. Immerhin sage ich ihnen auch zu, in meiner Heimatstadt ein ganz großes Unternehmen aufzuziehen. 1447 stirbt mein Bruder Friele. Zum Schluss habe ich mich doch wieder mit ihm versöhnt. Sein Tod hilft mir sogar: Nun bin ich

nämlich Oberhaupt meiner Familie und kann in großem Maßstab planen. Der Besitz meines verstorbenen Bruders ermöglicht es mir, viel Geld zu leihen.

So schließt sich der Kreis: Im Hof zum Gutenberg errichte ich mein Werk der Bücher, das schon ziemlich groß geworden ist. Doch mir ist längst klar: Es muss noch größer werden. Ich muss mir damit gleich am Anfang den Löwenanteil des Geldes sichern, das sich damit verdienen lässt – und das geht tatsächlich nur über den Druck der Bibel, des wichtigsten Buches, das es gibt. Mein Verfahren ist so phänomenal, dass jeder, der davon erfährt, sofort versuchen wird, es nachzuahmen.

Inzwischen habe ich ein Gerät entwickelt, mit dem ich Hunderte von Druckbuchstaben schnell aus Metall herstellen kann. Ich schneide ihr Abbild in einen Stempel, in eine Patrize*. Diesen Stempel schlage ich in ein anderes Stück Metall, die Matrize*. So entsteht eine Form. Diese klemme ich in ein besonderes Gerät, das ich erfunden habe: das Handgießinstrument.

In dieses Gerät gieße ich wieder ein anderes Metall, eine Legierung, die ich extra entwickelt habe. Sie besteht aus Blei und Antimon und Zinn. Diese Legierung bildet dann ein Stäbchen mit dem gewünschten Buchstaben am unteren Ende, dem Druckbuchstaben oder der Letter*, wie wir bald sagen. Diese Lettern füge ich in einem Rahmen zusammen, reibe sie mit Farbe ein, lege das Papier darüber und drücke es mit der Presse darauf. Wenn ich einmal die Patrizen aller Buchstaben geschnitten habe, kann ich auf diese Weise in kurzer Zeit alle Lettern gießen, die ich benötige, um eine, zwei oder mehr Seiten zu setzen. Das Verfahren ist wirklich einfach. Man muss es nur einmal verstanden haben. Diejenigen, die bloß das Ergebnis sehen, werden freilich nicht hinter das Geheimnis dieser Kunst kommen. Sie werden mich für einen Zauberer halten.

Schrift, Alphabet und Buchdruck

Die Erfindung des Buchdrucks mit beweglichen Metalllettern steht in ihrer Bedeutung in einer Reihe mit der Erfindung der Schrift. Die wichtigste Voraussetzung für Gutenbergs Erfindung war unser modernes Alphabet. Jedem Laut in unserer Sprache ordnen wir einen Buchstaben zu, jedenfalls im Prinzip. Das ist ein großer Vorteil unserer Schrift, einer Lautschrift, die sich erst einmal entwickeln musste. In vielen frühen Schriften verwendeten die Menschen nämlich noch für jedes Wort ein eigenes Zeichen. So ähnlich ist das heute noch im Chinesischen. Deswegen war der gutenbergsche Buchdruck in China auch schwer einzuführen. Dort musste der Setzer zwischen Tausenden Schriftzeichen wählen. Gutenberg dagegen konn-

Rekonstruierte Gutenberg-Werkstatt im Gutenberg-Museum Mainz

te darauf aufbauen, dass schon lange vorher in Europa das Alphabet entwickelt worden war: Mit wenigen Zeichen kann die ganze gesprochene Sprache aufgezeichnet werden.
Eine Variante des Buchdrucks verkörpern die sogenannten Blockbücher: Aus Gutenbergs Lebenszeit sind auch Druckwerke überliefert, bei denen der Text, meistens zusammen mit einem Bild, am Stück in eine Holztafel geschnitten wurde. Im Prinzip machte man das auch in China, wobei man nicht einmal eine Presse benötigte. War einmal der Druckstock geschnitzt, färbte man ihn ein, legte Papier darüber und rieb das ab. In China konnte man auf diese Weise schon Jahrhunderte vor Gutenberg eine Abbildung so oft kopieren, wie man wollte. Der alles entscheidende Vorteil von Gutenbergs Verfahren lag aber darin, dass seine Druckvorlage, der Satz*, sehr viel schneller herzustellen war als solch eine geschnitzte Vorlage. Außerdem konnte ein gutenbergscher Drucksatz im Handumdrehen geändert werden: Man musste nur die entsprechenden Lettern austauschen, ja, man konnte den ganzen Satz auflösen und wieder neu zusammensetzen.
Doch sogar dieses Verfahren hatte man in Ostasien schon lange vorher entwickelt, vor allem in Korea, sogar mit metallenen Lettern. Gutenberg war also nicht der erste Erfinder des Buchdrucks. Dass der Buchdruck mit beweglichen Lettern in diesen fernen Ländern trotzdem nicht so erfolgreich wurde, lag an einem ganz anderen System – dem Gesellschaftssystem. Im Osten Asiens gab es keinen so freien Markt, wie er sich in Europa entwickelte.

Druck der Bibel

Wem ich meine ersten Drucke zeige, nämlich eine Seite mit sauber gesetztem Text und noch eine genau gleiche und noch eine und noch eine – der ist wie vor den Kopf gestoßen. Ich habe keine Schwierigkeiten, Kaufleute zu finden, die mir für die weitere Entwicklung noch mehr Geld leihen wollen. Alle kommen aus dem Staunen nicht mehr heraus.

Um die Bibel zu drucken, brauche ich große Mengen der teuren Metalle für die Lettern. Davon müssen Tausende, ja Zehntausende gegossen werden. Zudem muss mir Konrad Sasbach mehrere Pressen bauen, damit zur gleichen Zeit gleich mehre-

re Seiten gedruckt werden können. Schon die Menge des Papiers übersteigt jede Vorstellung: Ich benötige 100 Mal mehr Blätter, als alle Ämter von Mainz in einem Jahr verbrauchen. Ich lasse das Papier extra aus Italien kommen, wo es in bester Qualität hergestellt wird.

Außerdem will ich die Bibel auch auf Pergament drucken. Allein dafür muss das Fell von Tausenden Schafen, Ziegen und Kälbern verarbeitet werden. Und ich muss meine Arbeiter bezahlen, die ich darauf verpflichte, nichts, aber auch gar nichts davon zu erzählen, was sie bei mir machen. Ich lasse sie das sogar schwören.

Ein Jahr lang bin ich fast nur mit den Vorbereitungen für das riesige Unternehmen beschäftigt. Ich muss die Arbeiter ausbilden, die Patrizen schneiden lassen und alles Material beschaffen und so lagern, dass es dann für die Arbeit sofort zur Hand ist. Bald lerne ich zwei Männer kennen, die für mich unverzichtbar sind. Wieder gehe ich eine Geschäftsgemeinschaft ein. Der eine ist Jakob Fust, ein Rechtsanwalt, der ausgerechnet den Zünftlern nahesteht.

Aber darauf kann ich keine Rücksicht mehr nehmen. Fust hat Einfluss und Geld. Es gelingt ihm 1449, eine Summe von sage und schreibe 800 Gulden aufzutreiben. Mit dem Geld bauen wir eine ganz neue Druckerei. Meine eigene behalte ich trotzdem.

Der zweite ist Peter Schöffer. Er hat an der Sorbonne* studiert und in Paris auch als Schreiber gearbeitet. Er ist ein Meister in der Kunst des Schreibens und ich benötige einen Fachmann, der darin ausgebildet ist, wie die Buchstaben auf einer Seite genau auszusehen haben. Er macht bald viele Vorschläge, wie die Lettern zu verbessern sind.

Das Ziel muss sein, mit Maschinen eine Bibel herzustellen, die mindestens so gut aussieht wie eine handgeschriebene, hoffentlich besser. Ich kaufe mir ein großes Exemplar einer Bibel, von der ich weiß, dass sie meinen Ansprüchen genügt. Die will ich zerlegen und sie mit meinem Druckverfahren genau kopieren, und zwar über 100 Mal. Sie hat fast 1.300 Seiten. Die Setzer werden nichts anderes machen, als mit den Lettern jede ein-

zelne Druckseite so einzuteilen, wie sie es in dieser einen Bibel vorfinden. So können sie nichts falsch machen.
1450 ist es so weit. Die neue Druckerei steht, alles ist gerichtet. Wir können anfangen. Ich halte eine kleine Rede, preise das Werk zu Ehren Gottes und ermahne alle noch einmal ausdrücklich: Sie sollen sorgfältig arbeiten und keinem das Geheimnis ihrer Arbeit erzählen. Ich habe einen trockenen Mund, als dann einer der Setzer mit seinem Winkelhaken* den ersten Satz zusammenstellt und die Drucker Papier und Farbe fertig machen. Schon der erste Probedruck gerät ohne Fehl und Tadel. Alle nehmen das feuchte Blatt vorsichtig in die Hand und juchzen.
Bald sind in der Werkstatt nur noch die

Geräusche schlurfender Schritte, suckelnder Druckerballen und quietschender Pressen zu hören, kaum je unterbrochen von Rufen oder Flüchen. Alle sind hoch konzentriert.
Während die Arbeit ihren Gang geht, kann ich manchmal wochenlang nicht richtig schlafen. Was ist, wenn einer der Setzer oder Drucker das Geheimnis seiner Arbeit ausplaudert, überlege ich, wenn einer sogar hinschmeißt und eine eigene Druckerei aufmacht? Wie sichern wir die Druckerei noch besser gegen Feuer ab, vor allem im Winter, wenn wir unbedingt heizen müssen? Wie ersetze ich einen

Arbeiter, wenn er krank wird? Ich habe nach einiger Zeit den Eindruck, dass der Schriftgießer ziemlich bleich aussieht, fast gelb. Er atmet immer wieder die Dämpfe des kochenden Metalls ein. Was ist, wenn das Unternehmen zur Hälfte stecken bleibt, weil mehr Geld nicht aufzutreiben ist? Ich bin so hoch verschuldet wie nie zuvor. Fust muss bald abermals 800 Gulden vorschießen.

Doch das Geschäft mit der Bibel läuft und wir erhöhen sogar die Auflage auf fast 200 Exemplare. Fust und ich reisen in die großen Städte der Umgebung, vor allem nach Frankfurt, wo wir Kaufleute, Äbte und Bibliothekare treffen. Bald reist uns der Ruf voraus, etwas absolut Bewundernswertes zu vertreiben. Mühelos gewinnen wir Käufer. Manche schauen in den Himmel auf, wenn sie zum ersten Mal eine gedruckte Buchseite in der Hand halten. Bald kann ich wieder ruhig schlafen. 1452 juchzen wir abermals, als die endgültig letzte Druckseite die Presse verlässt. Es ist kaum zu glauben: Wir haben fast 200 vollständige Bibeln gedruckt. Was für ein Geschäft! Schon zwei Jahre später sind alle Exemplare restlos verkauft. Ich bin ein gemachter Mann. Ich kann das Leben als Patrizier genießen. Meine eigene Druckerei brummt ebenfalls mit Aufträgen.

Die „Gutenberg-Bibel"

Die sogenannte Gutenberg-Bibel ist eines der wertvollsten Bücher der Welt. 49 Exemplare gibt es davon heute noch, und als 1999 eine einzelne Seite daraus versteigert wurde, bot ein Käufer dafür 26.000 Dollar. Ein anderer hatte 1995 für eine besondere Seite daraus sogar 75.000 Dollar geboten.

Wenn man eine Seite dieser Bibel vor Augen hat, muss man sich klarmachen, dass von Gutenberg nur der schwarze Text stammt. Nur dieser ist in allen Exemplaren gleich. Gutenberg verkaufte wie zu seiner Zeit üblich nur die Blätter des Buches mit dem Text. Es lag dann an dem Käufer, die einzelnen Seiten mit roten Textmarkierungen für jeden neuen Satzanfang zu versehen (Rubrizieren), mit Bildern auszuschmücken (Illustrieren) und am Ende einzubinden. Deswegen gleicht keines der erhaltenen Exemplare einem anderen.

Es ist beinahe unglaublich, dass eine der ersten gedruckten Schriften der Welt in allerhöchster Qualität hergestellt wurde. Das macht eines der großen Rätsel dieses Druckwerks aus: Wie konnte der Buchdruck, als er erfunden war, gleich am Anfang perfekt sein? Ausgerechnet die riesige Bibel war eines der ersten Erzeugnisse dieser neuen Kunst, und die Qualität dieser „Gutenberg-Bibel" ist einzigartig. Wo sind die Vorstufen der Erfindung? Warum lassen sich keine Druckwerke finden, die noch nicht so gut gelungen sind, weil die Technik eben noch nicht aus-

gereift war? Alle Bibliotheken, Buchläden und Klöster hat man dazu durchstöbert und doch keinen eindeutig älteren Druck gefunden. (Aber vielleicht sind immer noch nicht alle Ecken durchsucht: Noch 1958 fand sich in dem Dachboden des Pfarrhauses des Städtchens Immenhausen tatsächlich eine weitere „Gutenberg-Bibel".)
Es bleibt die Frage, ob man die erste gedruckte Bibel wirklich nach Gutenberg benennen sollte. In der großen Verehrung für den Meister der Buchdruckerkunst ist man bis heute bei dieser Bezeichnung geblieben. Dabei müsste diese Bibel eigentlich „Gutenberg-Fust-Schöffer-Bibel" heißen. Denn die Schönheit und Qualität des Schriftbildes kann nur auf der Arbeit des ausgebildeten Schreibers Peter Schöffer beruhen. Und Fust hat Gutenbergs Werk wohl nicht nur finanziert, sondern es auch entscheidend verbessert.

Seite aus einer Gutenberg-Bibel, um 1455, Mainz

Der große Prozess

Wie entsetzt sind wir im Mai 1453! Überall ist die Nachricht zu hören, dass die Türken Konstantinopel* eingenommen haben. Nun ist der ganze Osten Europas für die Christenheit verloren. Nur ein paar Orte und Inseln harren noch aus – und rufen verzweifelt um Hilfe. Deswegen hat der Papst schon 1452 zur Unterstützung der bedrohten Insel Zypern einen Ablass herausgegeben. Die Erlöse aus dem Ablass sollen die Zyprioten zu ihrer Verteidigung erhalten. Als dann 1454 der Reichstag* in Frankfurt über die Türkengefahr berät und sogar zu einem Kreuzzug* aufgerufen wird, steigt die Spendenbereitschaft enorm. Die Ablässe können gar nicht so schnell geschrieben sein, wie sie ausgestellt werden. Was eignet sich nun besser als der Buchdruck, um gleich Tausende davon herzustellen! Ich kann das leicht in meiner eigenen Druckerei bewerkstelligen.

Ich halte Kontakt zur Kirche und verstehe mich gut mit verschiedenen Geistlichen. Man muss auch an sein Seelenheil denken. Nur sind auch von den Ablässen irgendwann erst einmal genügend ausgedruckt. Doch die Kirche und ihr Kampf bringen weitere Aufträge. Es ist mir eine Herzensangelegenheit, eine Schrift gegen die Türken herauszubringen. Zu Weihnachten 1454 drucke ich eine „Mahnung der Christenheit wider die Türken". Den Text habe ich mir aus Straßburg besorgen lassen. Darin werden alle wichtigen Herrscher des Abendlandes aufgerufen, nicht mehr sich gegenseitig zu bekriegen und unter sich selbst Witwen und Waisen zu machen, sondern sich zum Kampf gegen die Türken zu rüsten. Dazu sollen die Kräfte des Mondes* genutzt werden: Immer wenn der Mond zunimmt, soll sich ein anderer Herrscher zum Kampf gegen die Türken rüsten.

Die Schrift ist schnell gedruckt und verkauft sich ganz gut. Ich suche nach neuen Aufträgen, mit denen sich rasch Geld verdienen lässt. Der Druck der Bibel ist ja längst

abgeschlossen und es reizt mich nicht, ein solch riesiges Unternehmen noch einmal zu wagen. Es hat sich für mich ausgezahlt und damit gut.

Leider habe ich deswegen wieder einmal Ärger. Fust unterstellt mir nämlich, ich hätte betrogen. Er beschuldigt mich – unterstützt von dem undankbaren Peter Schöffer –, ich hätte Gelder, die für unser Gemeinschaftsprojekt bestimmt waren, in meine eigene Druckerei geleitet. Selbst wenn das so wäre –

was wäre falsch daran? Schließlich ist der Buchdruck meine Erfindung und ohne sie hätte sich dieser Anwalt bestimmt nicht so bereichern können. Er hat ja sein geborgtes Geld mit großem Gewinn wiederbekommen! Aber wie das seiner Profession entspricht, zieht er deswegen vor Gericht. Als gewandter Rechtsgelehrter meint er wohl, mich auf diese Weise leicht ausstechen zu können. Aber er hat die Rechnung ohne den Wirt gemacht. Denn als hätte ich eine solche List erahnt, habe ich sehr wohl meine Schäfchen ins Trockene gebracht. An mein Geld wird er nicht so leicht kommen! Und an meine Druckerei erst recht nicht!

Monatelang zieht sich der Prozess hin. Zeugen werden geladen und verhört, Protokolle werden erstellt, Aussagen aufgezeichnet, Schwüre geleistet. Ich soll auch vorsprechen und genaue Abrechnungen erstellen zu allen Einnahmen und Ausgaben, Kredit- und Geschäftsanteilen, Zinsen und Zinseszinsen. Das ist mir zu dumm. Ich habe Besseres zu tun. Lieber schicke ich einen meiner Mitarbeiter. Auch zur Urteilsverkündung will ich erst gar nicht erscheinen. Was soll ich mich weiterstreiten? Wer kann schon vor Gericht gegen Juristen gewinnen?

Das Ende vom Lied ist, dass ich meine Werkstatt behalten kann und Fust und Schöffer die, in der wir die Bibel gedruckt haben. Außerdem soll ich den beiden noch irgendwelches Geld zukommen lassen, das ich angeblich nicht richtig abgerechnet habe. Nun ja, dazu bin ich bereit. Undank ist nun mal der Welt Lohn. Trotzdem kann ich mich nicht beklagen. Durch den

Druck der Bibel habe ich es geschafft, meine eigene Druckerei zu einem großen Betrieb auszubauen, wo ein Dutzend Arbeiter beschäftigt ist. Wie es meinem Stand entspricht, muss ich mich nun selbst nicht mehr mit Arbeit plagen. Ich sorge nur dafür, genügend Aufträge an Land zu ziehen.

Das tun freilich auch meine undankbaren ehemaligen Geschäftspartner. Auch sie drucken Ablassbriefe. Sie planen allerdings weiterhin in ganz großen Maßstäben. 1457 bringen Fust und Schöffer einen Psalter* heraus, der, ich gestehe, fast noch schöner als die gedruckte Bibel gemacht ist. Sie haben dafür gleich mehrere neue Schriften geschnitten.

Sogar die Initialen* haben sie in Metall nachgebildet und damit dreifarbig gedruckt, und das ausschließlich auf

Pergament. Sie sind so stolz auf ihr Werk, dass sie es am Ende des Buches sogar in ihrem Namen preisen. Vielleicht hätte ich das für die Bibel auch schon tun sollen – aber hätte ich das nötig? Es steht dort jedenfalls, dass dieser Psalter durch die Kunst des Schriftenformens und Druckens ohne Hilfe der Schreibfeder von Johannes Fust und Peter Schöffer am 14. August 1457 fertiggestellt wurde. Nun ja, ihnen sei der Erfolg gegönnt. Eitel ist nun mal die Welt. Immerhin hat sie Arbeit genug zu vergeben. Es gibt so viele Schriften zu kopieren, dass in jeder kleinen Stadt eine Druckerei bestehen könnte.

Der falsch konstruierte Gutenberg

Wenn jemand eine großartige, wunderbare Erfindung macht, muss er dann auch ein großartiger und wunderbarer Mensch sein? Was Johannes Gutenberg angeht, so ist man lange von dieser Gleichung ausgegangen. Als im 19. Jahrhundert der deutsche Staat zu seiner Einheit fand, hatte man nationale Vorbilder nötig. Deswegen schuf man sich einen Gutenberg, wie man ihn wollte. Obwohl über ihn kaum etwas überliefert ist, machte man ihn zu einer vorausschauenden, genialen und tugendhaften Persönlichkeit, der durch den Buchdruck der Menschheit auf die Sprünge helfen wollte: Er habe keinen Eigennutz gekannt, sondern nur seine Erfindung voranbringen wollen.

Zu solch einem guten Menschen gehört auch immer ein Bösewicht, der durch hinterhältige Taten die Hauptfigur noch reiner erscheinen lässt. Dazu hat man Jakob Fust genommen. Von ihm wäre der „Künstler" Gutenberg um sein Lebenswerk betrogen worden. Denn der „Geschäftsmann" Fust hätte kurz vor dem Abschluss des Bibeldrucks das Geld zurückgefordert, das er

Gutenberg-Denkmal in Mainz – eine der typischen Darstellungen Gutenbergs als Weiser

Gutenberg geliehen hatte. Der hätte nicht bezahlen können und wäre pleite gewesen. Deswegen hätte er Fust alles überlassen müssen, sowohl die Druckerei als auch die gedruckten Bibeln. Von diesem Schlag hätte sich Gutenberg nicht wieder erholt und wäre verarmt, verkannt und sogar erblindet gestorben.
Diese Geschichte wurde so oft verbreitet, dass man ihr bis heute kaum entgehen kann. Liest man über Gutenberg, liest man von dem genialen, aber betrogenen Erfinder. Dabei müsste man eher vom Gegenteil ausgehen: Die wichtigsten Dokumente zu Gutenbergs Leben sind gerichtliche Akten und in denen lautet eigentlich immer der Vorwurf, Gutenberg selbst hätte andere betrogen. Man kann davon ausgehen, dass Gutenberg sehr wohl seinen eigenen Vorteil im Blick hatte und sich auch nicht scheute, massiv für seine Rechte zu streiten. Ganz sicher war er kein selbstloser Kämpfer für eine bessere Zukunft, sondern vor allem einfach ein Geschäftsmann, der gute Ideen hatte.
So lässt sich an seiner Person erkennen, wie die Geschichtsschreibung beeinflusst werden kann: Die überragende Bedeutung des Buchdrucks übertrug man auf die Persönlichkeit und den Charakter des Johannes Gutenberg. Man hatte eine Person konstruiert, die als Vorbild für die deutschen Tugenden galt, nämlich arbeitsam, erfinderisch, unaufhaltsam zu sein, im Charakter ehrsam, rein und anständig.

Drucken, was kommt

Über das Ende der Gemeinschaft mit Fust und Schöffer will ich mich nicht beklagen. Die beiden haben nun alle Möglichkeiten, meine Erfindung für sich auszunutzen. Das tun sie auch zur Genüge. Aber sollen sie. Immerhin haben sie mir bei meiner Erfindung in entscheidenden Punkten geholfen. Und ohne Schöffers Wissen um die Gestaltung der Schrift hätten wir nicht von Anfang an einen solchen Erfolg haben können. Auch ich halte meine Druckerei am Laufen. Zwar ist mein Geheimnis inzwischen gelüftet und jeder kann sich in der Druckkunst versuchen, doch haben nur ich und diese beiden die Erfahrung und die Mittel, ganze Bücher auf Maschinen zu kopieren. Noch zählt dieser Vorteil, ist es doch nur eine Frage der Zeit, bis andere Druckwerkstätten entstehen.

Ich höre mich um, welche Texte oft benötigt werden. Was sehr begehrt ist, sind Lehrbücher, genauer der Donat*. Er ist das wichtigste Werk zum Lateinlernen. Die Welt will ja immer klüger werden. Daher hätte jeder Schüler gern einen solchen Donat für sich. So muss er ihn nämlich nicht abschreiben. Ein Teil meiner Werkstatt läuft bald als Donat-Druckerei.
Sonst haben es die Leute sehr mit der Astrologie*. Auch da lassen sich viele einfache Drucke herstellen, wie etwa ein Aderlasskalender. Darin stehen die Tage, an denen es wegen der Stellung der Planeten am günstigsten ist, Säfte aus dem Körper abzulassen. Das schreiben die Ärzte ja bei allen Krankheiten vor. Es heißt, dass die vier Säfte Blut, Schleim, schwarze und gelbe Galle ausgewogen im Körper verteilt sein müssen – wenn nicht, käme es zu Krankheiten.

Und die Leute wollen wissen, wie die Planeten sich am Himmel bewegen. Deswegen drucke ich auch eine Tabelle, die das genau aufführt.

Überhaupt sind Kalender begehrt: Auf anderen Blättern, die ich drucke, stehen zum Auswendiglernen die Tage der unbeweglichen Kirchenfeste. Wie inzwischen fast jeder weiß, heißt so etwas Cisiojanus. Auch wenn manche dieses System kritisieren, weil es so umständlich sein soll – man muss die Traditionen wahren! Ist es wirklich so schwirig, die Tage so zu zählen, wie es die Kirche vorschreibt – wenn wir etwa zum 13. Okto-

ber „der Tag vor dem heiligen Kallistus" sagen, weil dessen Tag der 14. Oktober ist? Mit dem Cisiojanus drucke ich jedenfalls dazu die Reime, mit denen man sich die Tage der Heiligen merken kann, und das sogar auf Deutsch!

Eigentlich spiegeln meine Drucke genau wider, was die Leute zu meiner Zeit lesen. Ich richte mich danach. Schließlich habe ich meine Erfindung nicht für ein paar Gelehrte im Land gemacht, die besonders klügelnde Bücher wünschen. Dafür sollen von mir aus Fust und Schöffer zuständig sein. Sie geben sehr anspruchsvolle Bücher heraus, darunter, wie ich höre, abermals eine Bibel. Angeblich wollen sie sogar ein Werk von Cicero* veröffentlichen. Ich kann da nicht mithalten.

Trotzdem sind auch meine Künste sehr gefragt. Im Gespräch mit mir begeistern sich immer wieder hohe Herren für meine Erfindung. Die Vervielfältigung der Bibel ist, so sehe ich, einfach ein zu großes Geschäft, als dass ich es weiterhin auslassen könnte. Eines Tages lerne ich den Bamberger Domherrn Georg von Schaumburg kennen, der für den Buchdruck Feuer und Flamme ist. Er will selbst ein solches Unternehmen fördern, nämlich abermals die Bibel zu drucken.

So werde ich schnell mit ihm handelseinig: Ich stelle ihm die Geräte und einige meiner Arbeiter zur Verfügung, er gibt das Geld und den Gewinn teilen wir auf.

So kommt es, dass ich mich ab 1457 immer wieder in Bamberg aufhalte. Mit Albrecht Pfister, dem Sekretär des Domherrn, richte ich dort eine Druckwerkstatt ein. Pfister wird ihr Leiter.

Für den Druck der Bibel machen wir keine großen Umstände: Wir schneiden eine neue Schrift, größer als die der Mainzer Bibel, da wir so fein und genau wie Schöffer nicht arbeiten können. Dann nehmen wir einfach ein Exemplar meiner Mainzer Bibel, zerteilen das und setzen es in Blei. Wie zuvor in Mainz müssen die Setzer dabei nur Buchstabe für Buchstabe die Vorlage kopieren. Sie müssen nicht einmal gut Latein können, wenn sie nur sorgfältig arbeiten. Eigentlich könnten deswegen auch Ungebildete Buchdrucker werden.

Wieder dauert das Unternehmen zwei Jahre, nämlich bis 1461, und wieder mache ich mit dem Verkauf ein gutes Geschäft. Übrigens kann auch Albrecht Pfister danach eine eigene Druckerei betreiben. Und ich selbst kann weiter im Geheimen forschen und tüfteln, was mir eigentlich immer großen Spaß gemacht hat. Es geht mir dabei vor allem um das Problem, wie man schnell eine neue Auflage herstellen könnte. Oft weiß man am Anfang nicht, wie hoch die Nachfrage nach einem Buch sein wird. Wenn man dann feststellt, dass man viel mehr Exemplare verkaufen könnte, als gedruckt sind, ist es zu spät. Denn bei einem Buch mit mehreren Hundert Seiten kann man den Satz nicht aufheben. So viele Lettern und so viel Lagerraum hätte man gar nicht. Der Satz wird deshalb nach dem Druck immer wieder, wie wir sagen, abgelegt: Alle einzelnen Lettern werden wieder in den Setzkasten* einsortiert. Aber vielleicht habe ich da wieder etwas Besonderes unter den Händen.

Die Macht des Buchdrucks

Wenn man verstehen will, welche Wirkung der Buchdruck auf die Menschen hatte, lässt man am besten eine Persönlichkeit aus der Zeit nach Gutenbergs Tod sprechen. So schrieb 1511 der Schweizer Humanist Joachim Vadian, als sich der Buchdruck in ganz Europa ausgebreitet hatte: „Der Deutsche, der Buchstaben aus Metall goss und den Beweis antrat, dass durch einen einzigen Druckvorgang in der Presse durchaus die Tageshöchstleistung flinker Schreiberhände wettgemacht wird, überstrahlt sämtliche Erfindungen der Antike; gepriesen und unendlich glücklich sei er."

Solche Aussagen, die sich vor Lob fast überschlagen, lassen sich zu Hunderten aufzählen. Noch 1831 schrieb der französische Schriftsteller Victor Hugo: „Die Erfindung der Buchdruckerkunst ist das größte Ereignis der Geschichte. Sie ist die Mutter allen Umsturzes, eine Erneuerung menschlicher Ausdrucksmittel von Grund auf."

Heute müsste man sagen, die Leute sind damals ausgeflippt. Endlich war es möglich, Texte ganz leicht zu verbreiten. Kein Wissen konnte mehr verloren gehen, weil etwa eine Bibliothek abbrannte und darin Bücher standen, die nie jemand abgeschrieben hatte. Mithilfe des Buchdrucks konnte jedes Werk 100- oder 1.000fach kopiert werden.

In kurzer Zeit entstanden überall in Europa Druckereien. In Venedig etwa, einer der wichtigsten Städte Europas,

arbeiteten nur 50 Jahre nach dem Druck der „Gutenberg-Bibel" über 100 Druckereien. Man schätzt, dass allein bis zum Jahr 1500 in Europa weit mehr als zehn Millionen Bücher gedruckt wurden – im Vergleich zu der Arbeit, die bis dahin die Schreiber geleistet hatten, eine unvorstellbar große Menge.

Mit den billigen und dauerhaften gedruckten Büchern gelangte das Wissen in jedes Haus. Das Wissen wurde allgemein zugänglich. Es blieb nicht mehr im Besitz einiger weniger, die bestimmten, wer daran teilhaben durfte. Der Buchdruck veränderte vollständig die Welt und ist nur mit der Erfindung der Schrift oder des Computers zu vergleichen.

Setzersaal in einer Druckerei. Holzstich, 1864

Der Fall von Mainz

Mainz bleibt der Mittelpunkt meines Lebens. Ich bin einer der angesehensten Bürger der Stadt und alle erweisen mir ihre Gunst. Schließlich kann ich auch aus dem Vollen schöpfen, wie sich das für jemanden meines Standes gehört. Es fällt mir leicht, eine ganze Gesellschaft zu verköstigen.

Trotzdem gilt es, nach neuen, großen Projekten Ausschau zu halten. Es heißt nicht umsonst: Wer wagt, gewinnt. Das Leben hängt am seidenen Faden. Jeden Tag kann ihn der Tod durchtrennen.

Daher gehe ich ein neues Risiko ein: Ab dem Jahr 1458 bezahle ich einfach nicht mehr weiter für einen Kredit, den ich einst in Straßburg aufgenommen hatte. Sollen sie mich ruhig aus-

findig machen!
Das wird ihnen nicht so schnell gelingen. Vielleicht werden sie mich sogar in das Achtbuch* schreiben. Ich werde darauf nicht eingehen, selbst dann nicht, wenn sie mich beim Kaiserlichen Hofgericht in Rottweil verklagen.

Ich habe gerade jeden Gulden für mich selber nötig. Denn ich plane ein Werk, mit dem sich mindestens so gut verdienen lassen sollte wie mit dem Druck der Bibel. Doch dieses Geheimnis teile ich nur mit wenigen eingeweihten Personen. Es hat damit zu tun, dass ich ein Werk woanders oder viel später noch einmal drucken könnte. Und drucken will ich das Catholicon*, das gefragteste Werk überhaupt. Es enthält vielleicht das ganze Wissen unserer Zeit. Deswegen schaffen wir eine eigene Schrift, viel kleiner als die beim Bibeldruck. Sie ist weniger verschnörkelt und so leichter zu schneiden und auch leichter zu lesen. Ich kann dafür die reichsten Geschäftsleute gewinnen. Alle sind ja hinter dem Geld her. Da herrscht eine maßlose Gier.

1460 steht eine erste Auflage des Catholicon zum Verkauf bereit. Wir schreiben extra einen Druckvermerk ans Ende, einen Kolophon. Darin wird betont, dass dieses hervorragende Buch nicht mit dem Schreibrohr, dem Griffel oder der Feder, sondern durch das wunderbare Übereinstimmen der Patronen und Formen vollendet wurde. Die Leute sollen wissen, dass sie ein gedrucktes Buch vor sich haben, dessen Qualität alle Handschriften weit übertrifft. „Patronen" und „Formen" nennen wir in diesem Kolophon die Stempel und Lettern, von deren Beschaffenheit ja niemand eine Vorstellung hat. Wie wunderbar der Verkauf läuft: Ich sitze mit meiner Kunst am Springquell des Reichtums, den ich unendlich vermehren kann.

Doch dann geschieht die Katastrophe: Leider hat es die Stadt Mainz nie geschafft, ihren Erzbischof als eigentliches Stadtoberhaupt loszuwerden. Sogar die Zünftler haben seine Herrschaft hingenommen, solange er sich nicht wirklich in die Politik der Stadt eingemischt hat.

Nun ist 1459 der alte Herr gestorben und bald kämpfen zwei neue um die Stadt Mainz. Dabei wird der eine, Adolf von Nassau, vom Papst unterstützt, der andere, Diether von Isenburg, nicht. Adolf von Naussau hat daher die Mächtigen hinter sich, freilich nicht den von den Zünftlern beherrschten Mainzer Rat. Die Lage spitzt sich immer mehr zu. Adolf von Nassau zieht im Oktober 1462 ein Heer vor der Stadt zusammen. In seiner Größe von wenigen Hundert Mann sollte davon eigentlich keine Gefahr ausgehen. Die Mainzer Stadtmauern sind stark, fest und bewacht. Doch am Morgen des 27. Oktober, als es noch nicht dämmert, läutet plötzlich die Sturmglocke in der Stadt. Ich eile aus dem Haus und sehe, wie sich überall die Bürger auf den Kampf vorbereiten. Schon höre ich Schüsse aus Musketen und auch Kanonen. Es entsteht ein entsetzlicher Lärm. Männer brüllen auf, Frauen kreischen und Kinder wimmern. Dann ist prasselndes Feuer zu hören.

Die Soldaten des Adolf von Nassau dringen mit gezückten Schwertern in jedes Haus, stechen nieder, rauben und tun den Frauen Leid an. Ich starre auf das Szenario wie gelähmt. Ich weiß nicht, wohin ich gehöre. Soll ich mit den Zünftlern kämpfen? Die gegnerischen Soldaten gehen gegen alle vor, unter-

schiedslos. Voller Angst ziehe ich mich in meine Druckerei zurück. Die plündernden Soldaten tun mir nichts, als sie meinen Namen hören, doch wühlen sie alles durch, stechen in Papierstapel, schmeißen die Setzkästen um und reißen den Hebel der Presse ab.

Der Sieger Adolf von Nassau befiehlt am späten Morgen alle männlichen Bewohner zum Dietmarkt. Wir hören, wer alles im Kampf gestorben ist, sogar der Bürgermeister Jakob Fust, Bruder des Johannes Fust.

Ist es ein Fluch? Am Ende meines Lebens muss ich wieder aus der Stadt ausfahren, diesmal aber schluchzend und nicht freiwillig. Denn auf einmal umstellen uns die Truppen des neuen Erzbischofs und treiben uns mit Hohnrufen aus der Stadt. Alle männlichen Einwohner müssen Mainz verlassen, ob Zünftler oder Patrizier. So werden wir von einer höheren Macht gerichtet, vielleicht als Buße dafür, dass wir uns nicht einigen konnten.

Am Ende meines Lebens wird mir alles genommen, jedenfalls fast alles. Nie hätte ich damit gerechnet: Sogar den Patriziern bleibt nichts. Wir verlieren unsere Häuser, unsere Renten, alles. Die ganze Stadt Mainz wird als Beute neu aufgeteilt.

Wenigstens kann ich in dem ganzen Aufruhr noch der Frau eines meiner Arbeiter zuflüstern, sie soll in meiner Werkstatt die Patrizen der Catholicon-Schrift verstecken. Vielleicht hängt an diesen Teilen mein zukünftiges Leben.

Das Bild von Gutenberg

Wer sich ein Bild von Gutenberg machen will, muss das leider vor seinem geistigen Auge tun. Man kann ihn sich als dick oder dünn, als klein oder groß, mit blonden oder schwarzen Haaren oder aber mit Glatze vorstellen. Gewiss hat er als reicher Bürger ein Wams getragen, einen „Tappert" genannten Überwurf und darüber einen Mantel, dazu Beinlinge als eine Art Kniestrümpfe, hohe Stiefel und immer einen Hut. Gewiss kleidete er sich auch in Pelz und trug Broschen, Ketten und Ringe, wie es seinem Ansehen entsprach. Vor allem an der Kleidung konnte man damals den sozialen Stand eines Menschen sofort erkennen.

Obwohl es von Gutenberg kein Bild gibt, das echt, das also noch zu seinen Lebzeiten entstanden wäre, gibt es gerade von ihm Aberhunderte Zeichnungen, Gemälde und Statuen. Doch sind das alles reine Fantasieprodukte. Die meisten davon sind lange nach seinem Tod entstanden, meistens erst im 19. Jahrhundert. Dass fast alle Bildnisse ihn mit einem Rauschebart zeigen, zeugt davon, dass man ihn später als eine Art Philosophen sehen wollte. Patrizier wie er trugen zu seiner Zeit aber ausdrücklich keinen Bart.

Lange Zeit wurde Gutenberg wie ein Heiliger verehrt. In dem wichtigen Handwerk des Buchdrucks galt er als Meister der Kunst, auf den sich alle beriefen. Die Drucker nannten sich „Jünger Gutenbergs". In der Geschichte vieler großer Städte lässt sich nachlesen, wann es dort zu den ersten „Gutenberg-Feiern" gekommen war, angefangen im 18., besonders im 19. Jahrhundert. Da hob man ihn allein auf den Denkmalssockel und verstieß vor allem Fust. Der hatte lange selbst als Erfinder des Buchdrucks gegolten.

Nicht nur das Bild, sondern auch das ganze Leben und Wirken der Person Gutenberg gibt es fast nur in der Vorstellung. Es ist sogar fraglich, ob man Gutenberg überhaupt als den Erfinder des Buchdrucks bezeichnen kann. Zumindest war er es wohl kaum allein; es ist gut möglich, dass Fust und Schöffer entscheidend dazu beigetragen haben. Immerhin schrieben kurz nach dem Jahr 1500 zwei angesehene Zeitgenossen ganz eindeutig, Gutenberg habe zwar die wunderbare Kunst der Druckerei erfunden, aber erst Johannes Fust und Peter Schöffer hätten sie mit Fleiß, Kosten und Arbeit verbessert und beständig gemacht.

Das bekannteste Bildnis von Gutenberg – reine Fantasie. Kupferstich, 1584

Der ehrsame Meister

Zu meinem Glück im Unglück kann ich mich wieder nach Eltville wenden, wo Verwandte von mir weiterhin Haus und Hof besitzen. Und zu meinem größten Glück bringt mir schon nach zwei Tagen ein Bote einen Sack voller Metall: die Patrizen der Catholicon-Schrift. Sie verkörpern viele Monate Arbeit und sind nun die einzige Sicherheit, die ich noch habe.

Ich muss mir mehr als einmal vorhalten lassen, als Patrizier hätte ich dazu beigetragen, die Stadt Mainz auszubluten, und ihr Schicksal mitverschuldet. Habe ich das wirklich? Immerhin arbeite ich längst mit den Zünftlern zusammen und habe viele Leute in Lohn und Brot gebracht.

Und auf meine Erfindung baue ich weiter. Es fällt mir nicht schwer, wieder Geld für ein neues Unternehmen aufzutreiben. Heinrich Bechtermünze, einen angesehenen Mann, kann ich davon überzeugen, eine große Summe für den Druck einer lateinischen Grammatik aufzubringen. So etwas lässt sich leicht verkaufen, weil immer mehr Menschen Latein lernen wollen.

Wohin ich mich geflüchtet habe, erfährt natürlich auch der neue Mainzer Erzbischof. Bei nächster Gelegenheit lässt mich Adolf von Nassau auf seine Eltviller Burg kommen. Er spricht voller Respekt mit mir. Auf diesem Weg erhalte ich den Auf-

trag zum Druck eines neuen Ablasses. Ich merke, allein mein *Wissen* über den Buchdruck ist beinahe wie Geld. Adolf von Nassau würdigt meine Verdienste und wünscht, dass ich nach Mainz zurückkehre. Anfang 1465 ernennt er mich sogar zu seinem Hofmann.

Damit bin ich für den Rest meines Lebens abgesichert. Denn was bietet das Alter? Es ist krank, voller Mühen, kalt und missfällt allen. Es taugt zu nichts und hat keinen Nutzen. Zeitige Äpfel fallen gern in den Kot, reife Birnen gern in die Pfütze. Ich muss sehen, wo ich bleibe. Schließlich habe ich keine Kinder, die für mich sorgen können.

Als Hofmann bekomme ich jährlich Kleidung, außerdem auch Getreide und Wein umsonst. Und ich muss keine Steuern und Abgaben zahlen, geschweige irgendwelche Dienste leisten.

Es fällt mir schwer, in Mainz noch einmal neu zu beginnen. Meine Druckerei und mein ganzes Haus wurden geplündert. Trotzdem verfüge ich noch über genug Patrizen und Lettern, um wieder mit dem Drucken zu beginnen. Außerdem habe ich ja das Geheimnis um das Catholicon gewahrt. Das kann noch einmal und noch einmal gedruckt werden und ich verdiene weiter daran. Ich bringe auch wieder einen Geschäftsmann dazu, in mein Unternehmen zu investieren: Dr. Konrad Humery, diesen ausgewiesenen Zünftler. Doch wenn ich eines gelernt habe, ist es, dass Zwist und Streit zu nichts führen. Ausgerechnet einem wie ihm verpfände ich mein Druckwerkzeug. Soll er nach meinem Tod darüber verfügen – Hauptsache, ich habe im Leben dafür noch Geld bekommen.

Vielleicht komme ich am Ende meiner Tage gerade mit den Zünftlern am besten zurecht. Sie haben sich immerhin ihren Reichtum selbst erarbeitet.

Ich stelle wieder ein paar Kleindrucke her, von denen man immer gut leben kann. Seit Langem bin ich auch Mitglied in der Sankt-Viktor-Bruderschaft. Dort kümmert man sich um mich als alten Mann und sorgt für mein Seelenheil.

So kann ich bis zum Schluss meinem Stand gemäß leben und meine Dienste beim Bücherdrucken anbieten. Die Druckkunst hat vielleicht mein Leben gerettet. Und am Ende erkenne ich überhaupt erst, was ich bewirkt habe. Der Buchdruck bringt viel Geld, aber er bringt auch die Schrift unter die Menschen – und damit das Wissen. Durch diese Erfindung wird die Welt nicht mehr die gleiche sein.

Nachwort

Gutenberg starb am 3. Februar 1468. Über seinen Tod ist nur ein Satz überliefert, nämlich: *„Anno Domini M°CCCC°LXVIII uff sant blasius tag starp der ersam meinster Henne Ginssfleiss dem got gnade."*
Gutenberg ließ eine Welt zurück, die sich von Grund auf umzuwälzen begann. Denn es hat wohl selten eine Tat gegeben, die so entscheidend die Geschichte der Menschheit verändert hat wie die so verehrte Schwarze Kunst – nicht einmal die Erfindung des Schießpulvers oder die Entdeckung Amerikas. Dank des Buchdrucks konnte sich auf einmal jeder, der lesen und schreiben lernte, Wissen verschaffen. Der Buchdruck führte – auf einem langen Weg – zu Bildung, Demokratie und Freiheit. Plötzlich lag das Wissen nicht mehr in den Händen weniger. Die einfachen Leute konnten nun selbst die Worte von Jesus Christus lesen, dazu Wörterbücher, Erlasse, medizinische Anweisungen und bald auch Zeitungen; sie konnten sich informieren und sich eine eigene Meinung bilden. Nicht umsonst haben die herrschenden Klassen sofort ein Verzeichnis verbotener Bücher erstellt, später gefolgt von der Pressezensur. Beides sollte verhindern, dass Informationen unters Volk kamen, die den Herrschenden schaden oder für Aufruhr sorgen konnten.
Doch hat der Buchdruck nur Gutes bewirkt? Er ist wie ein Messer oder das Schießpulver ein Instrument, das sich auf verschiedene Weise einsetzen lässt. Man konnte da-

mit Lehrbücher, Epen und philosophische Abhandlungen verbreiten, aber ebenso leicht auch Horoskope, Ablässe oder Hetzschriften. Wie jede andere Erfindung wurde auch der Buchdruck immer wieder für üble Zwecke missbraucht.

Den Buchdruck, wie ihn Gutenberg erfunden hatte, gab es fast unverändert bis ins letzte Jahrhundert. Heute ist man beim Computersatz angekommen, mit dem jeder zu Hause Texte selbst „setzen" und (in kleinen Mengen) auch drucken kann. Noch vor wenigen Jahrzehnten wäre das jedem wie ein Wunder vorgekommen. Und bestimmt werden unsere Kinder einmal staunen, dass wir unsere Texte auf Papier gedruckt haben, dass es Zeitungen gab und Bücher. Sie werden wohl nur ihre Zauberkladde herausziehen, auf der sie sich alle Texte der Welt wie gedruckt anzeigen lassen können. Vielleicht werden sie dazu „Buch" sagen und damit immer noch den Namen „Gutenberg" verbinden, obwohl es gedruckte Bücher dann gar nicht mehr geben wird.

Bücherflut auf der berühmten Frankfurter Buchmesse

Glossar

Ablass	*Wird im Katholizismus bis heute dazu gebraucht, um Strafen zu erlassen, die wegen begangener „Sünden" von der Kirche verhängt worden sind. Als Ausgleich müssen „gute Werke" verrichtet werden. Als Bescheinigung dazu verkaufte die Kirche zu Gutenbergs Zeit Ablassbriefe – die Strafen wurden dabei gegen Geld erlassen. Die Einkünfte dienten z. B. zur Finanzierung von Kirchen oder Kreuzzügen.*
Achtbuch	*Verzeichnis von Straftätern, die nicht zu fassen und deswegen „in Acht", also rechtlos waren.*
Astrologie	*Der Glaube, dass die Zukunft und das Schicksal des Menschen aus dem Stand der Sterne ablesbar sind.*
Catholicon	*Wichtiges Hilfsmittel zur Erklärung der lateinisch geschriebenen Bibel (von Griechisch katholikos für „allgemein"). Im Fall Gutenbergs ist es einer der ersten großen Frühdrucke, und zwar mit dem Datum 1460. Allerdings ist es auf drei verschiedene Papiersorten gedruckt, die aus den Jahren 1460, 1469 und 1472 stammen. Deswegen ist der Druck des Catholicon bis heute ein großes*

	Rätsel. Niemand weiß, welches Verfahren hier angewendet wurde, um dasselbe Buch immer wieder drucken zu können.
Cicero, Marcus Tullius (106–43 v. Chr.)	Römischer Politiker und Philosoph, der für die Republik kämpfte. Seine Schriften sind ein Höhepunkt von Redegewandtheit und Sprachbeherrschung. Besonders auf das Vorbild Cicero beriefen sich die Gelehrten der Renaissance (14.–15. Jahrhundert), die Philosophie und Literatur der Antike priesen. Ciceros Schriften waren ein Klassiker unter den Frühdrucken.
Devotionalien	Religiöse Gegenstände, oft als Erinnerung an einen Kirchenbesuch: Anstecker, Gebetsblätter, Rosenkränze.
Donat	Mittelalterliche Bezeichnung für einfache lateinische Grammatikwerke. Geht zurück auf den Grammatiker und Lehrer Aelius Donatus (um 350 n. Chr.), der ein lateinisches Lehrbuch für Anfänger geschrieben hatte.
Gulden	Wichtiges Geldstück vom Mittelalter bis in die Neuzeit; ursprünglich aus Gold, daher der Name.
Initialen	In einem klassischen Druck ein meist schön verzierter, oft sehr großer Buchstabe zur Ankündigung eines neues Kapitels.
Konstantinopel	Alter Name der früher griechischen Stadt Istanbul. Konstantinopel war die Hauptstadt

	des Byzantinischen Reiches, das Nachfolger des antiken Römischen Reiches war. Die Stadt wurde 1453 von dem türkischen Sultan Mehmed II. erobert.
Kreuzzug	In der christlichen Geschichte ein Krieg gegen die als „Ungläubige" bezeichneten Muslime. Mit den Kreuzzügen versuchten die abendländischen Herrscher, Jerusalem und das Heilige Land zu „befreien". Diese Kriege endeten oft in vernichtenden Schlachten und Massakern. Sie dauerten vom 11. bis ins 13. Jahrhundert.
Legierung	Eine Verschmelzung verschiedener Metalle. Eine der bekanntesten Legierungen ist Bronze, bei der dem Kupfer Zinn beigemengt wird.
Letter	Der metallene Druckbuchstabe, auch Drucktype oder nur Type genannt. Die Letter trägt an ihrem Kopf spiegelverkehrt den zu druckenden Buchstaben. Sie wurde aus einer Legierung aus etwa 65 Prozent Blei, 23 Prozent Antimon und 12 Prozent Zinn gegossen.
Matrize	Eine Gießform, die man durch Einschlagen der Patrize gewann. Die Matrize (von Lateinisch *mater* für „Mutter") spannte man in das Handgießinstrument ein, um die Lettern zu gießen.
Mond	Bis heute glauben viele Menschen, bestimmte Kräfte des Mondes würden das Leben auf der Erde beeinflussen. Im Mittelalter war dieser

	Glaube so überragend, dass viele Menschen ihr Leben nach dem Stand des Mondes ausrichteten.
Münze	*Bezeichnung für die Geldprägestätte im Mittelalter. Das Münzrecht oder Münzregal war eines der wichtigsten sogenannten Hoheitsrechte, auf denen die Macht eines Staates beruhte. Es bestimmte, wer welches und wie viel Geld in Form von Münzen herstellen durfte.*
Patrize	*Von den Schriftschneidern geschnittener Stahlstempel als Urform der Letter. Am Ende der Patrize (von Lateinisch* pater *für „Vater") befand sich spiegelverkehrt der zu druckende Buchstabe, der in die Matrize geschlagen wurde.*
Pest	*Hoch ansteckende Krankheit, der im 14. Jahrhundert in Europa ein Drittel der Bevölkerung zum Opfer fiel. Bis ins 18. Jahrhundert trat die Pest mit einer Vielzahl von Toten örtlich immer wieder von Neuem auf.*
Prozess	*Als Gerichtsprozess ein Streit, der von einem Richter entschieden wird. Im Fall Gutenbergs sind fast alle Angaben zu seinem Leben nur aus Prozessen überliefert, davon zwei sehr umfangreichen: einem in Straßburg gegen die Familie Dreizehn, einem anderen in Mainz gegen Fust und Schöffer.*

Psalter	*Sammlung der Psalmen. Die Mehrzahl dieser 150 religiösen Gedichte oder Lieder des Alten Testaments werden König David (um 1000 v. Chr.) zugeschrieben. Sie sollten im wöchentlichen Wechsel gelesen werden und waren somit die wichtigsten Bücher im Gottesdienst. Der Mainzer Psalter von Fust und Schöffer aus dem Jahr 1459 führte den Buchdruck auf einen frühen Höhepunkt.*
Reichstag	*Regelmäßige politische Versammlung der Reichsstände, der Vertreter der Staaten und Städte im Heiligen Römischen Reich Deutscher Nation.*
Reliquie	*Besitztum oder auch Körperteil einer als heilig verehrten Person.*
Rente	*Zu Gutenbergs Zeiten eine Leibrente, bei der einmalig eine Geldsumme eingezahlt wurde, die dann über einen festgelegten Zeitraum in Raten wieder ausgezahlt wurde. Mithilfe von Leibrenten deckte eine Stadt wie Mainz ihre Schulden.*
Satz	*Die Druckform, die der Setzer aus den einzelnen Lettern „setzte", also zusammenbaute.*
Setzkasten	*Ein Kasten für die Lettern, die in Fächern in einem bestimmten Verhältnis eingeordnet waren. Die Fächer mit den häufigsten Buchstaben, wie „e" oder „n", waren am größten und vom Setzer am besten zu erreichen.*

Söldner	*Soldaten, die in fremden Diensten nur für Geld kämpfen.*
Sorbonne	*Älteste und bis heute bedeutendste französische Universität. Sie befindet sich in Paris. Sie war das Vorbild für die weiteren Universitätsgründungen in Europa.*
Winkelhaken	*Halterung aus Metall, in die der Setzer die Lettern für den Satz zusammenstellte.*

Zeittafel – Gutenbergs Leben

1399–1405 Gutenberg wird als Mainzer geboren.

1428 Erhält zusammen mit seinem Bruder Friele eine Leibrente der Stadt Mainz

1419 Der Vater stirbt.

1428 Mainzer Zunftstreit

1430 Ist aus Mainz „ausgefahren"

1420 Streitet mit der Stiefschwester Patze um das Erbe des Vaters

1433 Die Mutter stirbt.

1434 Nimmt in Straßburg den Mainzer Stadtschreiber eigenmächtig gefangen

1439 Zahlt die jährliche Weinsteuer für 1 $^1/_2$ Fuder 6 Ohmen Wein

1434 Bekommt von Mainz eine zusätzliche Leibrente von jährlich zwölf Goldgulden

1436 Erhält von Mainz verschiedene Gelder

1439 Klaus und Jörg Dreizehn, die Brüder des verstorbenen Andreas Dreizehn, klagen vor Gericht gegen Gutenberg und verlieren.

1436 Wird in Straßburg von Ennel zu der Eisernen Tür wegen eines gebrochenen Eheversprechens verklagt. Auch der Schuhmacher Klaus Schott verklagt Gutenberg wegen Beleidigung.

1441 Verbürgt sich für eine Schuld von 100 Pfund Denare

1442 Borgt sich 80 Pfund Denare beim Straßburger Sankt-Thomas-Stift

1443 Zahlt die jährliche Weinsteuer

1444 Straßburg listet für die Verteidigung gegen die Armagnaken seine Einwohner auf; darunter ist auch Gutenberg.

1453 Wird in Mainz als Zeuge genannt

1454 Die Bibel (die sogenannte 42-zeilige) ist fertig gedruckt.

1447 Der Bruder Friele stirbt.

1448 Leiht sich in Mainz 150 Gulden von seinem Verwandten Arnold Gelthus

1455 Wird von Fust und Schöffer vor Gericht angeklagt

1457 Wird in Mainz als Zeuge über den Verkauf eines Grundstücks genannt. Zahlt von diesem Jahr an keine Zinsen mehr an das Straßburger Sankt-Thomas-Stift.

1457 Im Mainzer Psalter nennen sich die Druckherren (Fust und Schöffer) zum ersten Mal mit Namen.

1465 Adolf von Nassau sichert Gutenbergs Auskommen.

1466 Fust stirbt in Paris (vermutlich an der Pest).

1460 Die dritte – wohl mithilfe Gutenbergs hergestellte – Bibel (die sogenannte 36-zeilige) ist fertig gedruckt.

1462 Adolf von Nassau erobert Mainz und vertreibt alle männlichen Einwohner.

1468 Gutenberg wird in Mainz als verstorben gemeldet.

1502/1503 Schöffer stirbt.

Inhalt – Erzählung

Ein adeliger Bursche | 6
Ins Straßburger Exil | 14
In Geldsorgen | 22
Vor den Toren Straßburgs | 30
Ein Geschäft mit Spiegeln | 38
Das geheime Werk | 46
Zurück zu Hause | 54
Druck der Bibel | 62
Der große Prozess | 70
Drucken, was kommt | 78
Der Fall von Mainz | 86
Der ehrsame Meister | 94

Inhalt – Sachkapitel

Johannes Gutenberg	5
Der mittelalterliche Mensch	12
Wem gehört die Stadt?	20
Die besondere Geschichte der Stadt Straßburg	28
Buchherstellung vor der Erfindung des Buchdrucks	36
Wallfahrten	44
Die Gutenberg-Forschung	52
Schrift, Alphabet und Buchdruck	60
Die „Gutenberg-Bibel"	68
Der falsch konstruierte Gutenberg	76
Die Macht des Buchdrucks	84
Das Bild von Gutenberg	92
Nachwort	98
Glossar	100
Zeittafel – Gutenbergs Leben	106
Quellennachweise/Impressum	112

Quellennachweise

akg images, Berlin: S. 4, 21, 36, 60, 69, 76, 85, 93

Stadtarchiv Mainz: S. 12

picture alliance: S. 99

Germanisches Nationalmuseum Nürnberg: S. 45

Gutenberg Museum, Mainz: s. 29, 52

Impressum

In neuer Rechtschreibung

1. Auflage 2008
© Arena Verlag GmbH, Würzburg 2008
Alle Rechte vorbehalten
Coverillustration: Joachim Knappe
Innenillustrationen: Klaus Puth
Satz: Claudia Böhme auf der Grundlage einer Gestaltung und Typografie von knaus. büro für konzeptionelle und visuelle identitäten, Würzburg
Gesamtherstellung: Westermann Druck Zwickau GmbH
ISBN 978-3-401-06180-1

www.arena-verlag.de